Jens Dreisbach

111 Cocktails, die man getrunken haben muss

111

emons:

Bibliografische Information der Deutschen Nationalbibliothek
Die Deutsche Nationalbibliothek verzeichnet diese Publikation in der Deutschen Nationalbibliografie; detaillierte bibliografische Daten sind im Internet über http://dnb.d-nb.de abrufbar.

MIX
Papier | Fördert gute Waldnutzung
FSC® C083411
FSC
www.fsc.org

Gestaltung: Eva Kraskes, nach einem
Konzept von Lübbeke | Naumann | Thoben
Druck und Bindung: CPI – Clausen & Bosse, Leck
Printed in Germany 2022
ISBN 978-3-7408-1632-2

Dann lächeln!

»Then smile«, weist Jerry Thomas, der erste Cocktail-Poet der Geschichte, den Leser an. »Then smile« ist: der letzte Schritt der Zubereitung eines Drinks. Nach dem Mix die Probe aufs Exempel, und dann: lächeln!

Es kann kein anderes Motiv und Ziel geben, 111 Cocktails vorzustellen, als den Leser in 111 Fällen beim Lächeln ertappen zu wollen. Aber das wird nicht eintreten. Denn Cocktails sind empfindsame Wesen. Notiert man, im Eifer des Gefechts, die Proportionen unpräzise, dann verrutschen die Gleichgewichte. Knapp daneben ist auch vorbei. Und während der eine diesen Rum, der andere jenen in der Vitrine beherbergt, verändern sich damit die Akzente, möglicherweise dramatisch. Weiland der Pragmatiker auf Fertigprodukte vertraut, entwickelt der Enthusiast extremistische Neigungen, möglichst alles selbst zu machen – beides mit nicht zu unterschätzenden aromatischen Folgen. Mit anderen Worten: Cocktailkultur ist keine exakte Wissenschaft. Sondern die Kunst der Auslegung. Die Justierung eines jeden Vorschlags, vorwiegend Flüssigkeiten in gewisse Relationen zu setzen, um damit einen gustatorischen Vorteil zu erzielen, obliegt dem geneigten Leser. Auf gutes Gelingen!

Zu raten bleibt, das Nötigste selbst zu erledigen. Frisch gepresste Säfte sind notwendige Bedingung der Möglichkeit von Genuss – Fertigsaft hat noch jeden Cocktail ruiniert. Und das gilt im Prinzip auch mindestens für alle einfacheren Zuckerlösungen. Zuckersirup, ob 1:1, 2:1, aus braunem Zucker oder aromatisiert mit Ingwer, erst recht Lime Juice Cordial, das alles kann man in ein paar Minuten und mit wenigen Handgriffen besser selbst machen als irgendwo kaufen. Gute Bars arbeiten darüber hinaus mit einer Vielzahl von ausgefeilten Essenzen, die sie außerhalb der Öffnungszeiten ansetzen. Dafür: in eine gute Bar gehen! Im heimischen Labor: experimentieren, schütteln, dann lächeln!

111 Cocktails

1 Absinthe Spider Highball

Die Kunst des Saufens

1797 begann das lange Jahrhundert des Absinths, als Daniel-Henri Dubied in der Romandie von der Familie Henriod ein Rezept erwarb und sogleich eine Brennerei gründete, die sich ganz der Wermutspirituose widmete. Im gleichen Jahr heiratete seine Tochter Emilie den 21-jährigen Henri-Louis Pernod, der der »grünen Fee« in ganz Frankreich zu Berühmtheit verhelfen sollte.

Mitte des 19. Jahrhunderts war die »grüne Stunde« in den Cafés von Paris längst sprichwörtlich: Man bestellte ein Glas Absinth, legte ein Sieb auf, den »Absinthlöffel«, sowie einen Würfelzucker, auf den sehr langsam Wasser tropfte. Absinth war das Getränk der Boheme, der Maler und Dichter. Édouard Manet, Edgar Degas, Vincent van Gogh, Henri de Toulouse-Lautrec porträtierten ihn; Charles Baudelaire, Arthur Rimbaud, Guy de Maupassant, Guillaume Apollinaire und Paul Verlaine dichteten mit ihm und über ihn. Alle suchten Inspiration im Absinth oder waren ihm verfallen. Albert Maignans Gemälde »Die Grüne Muse« (1895) zeigt einen Dichter in seiner Schreibstube, vom Schmerz oder Wahnsinn ergriffen, und eine grün gewandete, schwebende Verführerin, zugleich Memento mori, verdreht ihm buchstäblich den Kopf.

In den 1910er Jahren war der Spuk vorbei, als Absinth in vielen Ländern verboten wurde. Der »Absinthismus« stand im Ruf, die Trinker vieltausendfach in die Geisteskrankheit, das Verbrechen und den Tod zu treiben. In Verdacht geriet Thujon, ein Wirkstoff des Wermutkrauts. Zu Unrecht, denn später wurde der wahre Täter gefasst: zu viel zu schlechter, allzu hochprozentiger Alkohol.

Der Absinthe Spider ist ein Musterbeispiel eines Highballs, die extrem einfach zuzubereiten sind und bei denen man kaum etwas falsch machen kann. Eine simple Paarung, die perfekt funktioniert – auch wenn die Kombination von Wermutkraut und Ingwerwurzel in der Theorie vielleicht erst einmal gewöhnungsbedürftig klingt.

2 cl Absinth und 2 Spritzer Angostura Bitters in ein Highballglas mit Eis geben, mit circa 12 cl Ginger Ale aufgießen und vorsichtig umrühren. | Death in the Afternoon (Ernest Hemingway): 1,5 cl Absinth und 0,5 cl Zuckersirup in einer gekühlten Sektflöte verrühren, mit Brut Champagner auffüllen (Hemingway gibt 4,5 cl Absinth an und empfiehlt, »drei bis fünf« zu trinken, allerdings »langsam«, man will ja noch was vom Nachmittag haben, bevor der Herzschlag endgültig aussetzt).

2 Amaretto Sour

Der Widerspenstigen Zähmung

Ein Amaretto Sour in seiner einfachsten Form besteht aus Amaretto und Zitronensaft – Zucker zuzusetzen erübrigt sich, denn der italienische Likör ist ja nichts anderes als supersüßer Flüssigkleber. Dazu gesellen sich Eiklar – für den Schaum – und Angostura Bitters – für die Würze. Doch Amaretto und Zitrone können einen zur Verzweiflung treiben. Mal ist der Amaretto Sour zu süß, dann wieder zu sauer – beide in ein harmonisches Verhältnis zu bringen erweist sich beinahe als Ding der Unmöglichkeit. Der Widerspenstigen Zähmung: hochprozentiger Bourbon mit 50 oder mehr Umdrehungen.

Der Vorschlag, den Amaretto Sour ein Stück weit in Richtung des Whiskey Sour zu biegen, stammt von Jeffrey Morgenthaler. Dem Bartender aus Portland und Verfasser des Standardwerks »The Bar Book: Elements of Cocktail Technique« (2014) war der Amaretto Sour aromatisch nicht komplex genug. Doch statt etwas Verrücktes zu veranstalten und zu abseitigen Zutaten zu greifen, bestand sein Geniestreich darin, das Naheliegende zu erkennen: starker Bourbon als Rückgrat des Cocktails. Morgenthaler ist ein ganz und gar nicht kapriziöser Vertreter seines Fachs. Er pflegt eine Aversion gegen handbetriebene Shaker und mixt seinen Amaretto Sour kurzerhand im elektrifizierten Standmixer – daraus resultiert ein üppiger Schaumteppich, der im Schüttelbecher so flauschig nicht gelingen möchte. Ein Würfel Eis im Mix sorgt für die ideale Verdünnung, mindestens zwei Würfel Eis im Glas für die perfekte Temperierung.

Morgenthalers Cocktail ist kein Whiskey Sour mit Amaretto. Dafür ist der Mandellikör, der sein Aroma nur ausnahmsweise von Bittermandeln, in der Regel aber vor allem von Aprikosenkernen bezieht, zu vorlaut und dominant. Er ist ein Amaretto Sour, in dem der Bourbon dezent hinter den Kulissen bleibt, aber den Körper des Drinks voller macht und die widerspenstigen Opponenten Amaretto und Zitrone versöhnt.

4,5 cl Amaretto, 2,5 cl Bourbon (hochprozentig), 3 cl Zitronensaft, 0,5 cl Zuckersirup (2:1), ½ Eiweiß mit 1 Eiswürfel im Blender so lange mixen, bis das Eis sich aufgelöst hat, in einen Tumbler mit Eis abseihen, mit Zitrone und Kirsche anrichten. | Bourbon Renewal (Jeffrey Morgenthaler): 6 cl Bourbon, 3 cl Zitronensaft, je 1,5 cl Crème de Cassis und Zuckersirup, 1 Spritzer Angostura Bitters auf Eis schütteln, doppelt in einen Tumbler mit Eis abseihen.

3 Americano

Im Schatten des Mailänder Doms

Als zehnter Sohn eines Bauern in der Lombardei des 19. Jahrhunderts hatte man keine Chance – also nutzte Gaspare Campari sie. Mit 14 Jahren ging er 1842 nach Turin, wo er bei Giacomo Bass, der ein Café, zugleich Bar, sowie eine Konditorei betrieb, in die Lehre ging und die Grundzüge der hohen Kunst der Getränkediffusion kennenlernte. Spätestens um 1860 begann er mit der Herstellung eines Bitterlikörs namens »Bitter all'uso d'Hollanda«, der bald »Bitter del Signor Campari« genannt und schließlich als »Bitter Campari« weltberühmt wurde. 1862 zog er nach Mailand und führte im Schatten des Doms das Caffè Amicizia und ab 1867 in der nagelneuen »Galleria Vittorio Emanuele II.«, einer prachtvollen, lichtdurchfluteten Einkaufspassage, das Caffè Campari.

In den 1860er Jahren soll Campari die Mixtur aus gleich viel Bitterlikör und rotem Wermut angeboten haben – der »Milano-Torino«, denn der Wermut stammte aus Turin. Von dieser einfachen Kombination führt eine direkte Linie zum Negroni (siehe Nummer 66). Der mailändisch-turinische Shortdrink konzentriert Süße und Bittere mit großer Vehemenz. Es bietet sich nachgerade an, ihn zu verlängern, und auch der Americano soll in Camparis Caffès bereits serviert worden sein. In der langen Version wird die rot-rote Kombination zu einem phänomenalen Erfrischungsgetränk mit süßer Grundierung und bitteren Spitzen – bestens geeignet, um einen heißen Sommer zu überleben.

Und warum Americano? Mitte des 19. Jahrhunderts schwappte Wermut über den großen Teich und in die amerikanische Cocktailkultur. Ende der 1860er Jahre wurde der »Vermouth Cocktail« populär, in dem Wermut und Bitters sich kombiniert sahen. Die amerikanische Vorliebe schwappte zurück nach Italien, wo man die Bitter-Potenziale des Kräuterweins freilich längst zuvor erkannt hatte. Und so zeugt der Americano nicht zuletzt von der Eroberung der Neuen Welt von Turin und Mailand aus.

Je 4 cl italienischen roten Bitterlikör (Campari) und roten Wermut in einen Tumbler mit Eis geben, mit circa 7 cl kaltem Mineralwasser aufgießen und mediterran garnieren. | Vermouth Cocktail: 5 cl weißen Wermut, 0,5 cl Zuckersirup (2:1), je 2–3 Spritzer Maraschino und Boker's Bitters auf Eis kaltrühren und in ein gekühltes Likörglas abseihen.

4 Ancient Mariner

Coleridge auf Piment

Das Zeitalter der Tiki-Drinks und der dazugehörigen Folklore begann in den 1930er Jahren, die Strahlkraft der bunten Cocktails nahm um 1970 allerdings drastisch ab. Die großen Heroen jener Ära waren Trader Vic (1902–1984) und Donn Beach (1907–1989). In den 1990er Jahren kam es zu einem Revival der tropischen Cocktails, das vor allem mit Jeff »Beachbum« Berry (*1958) verbunden ist. Die »Washington Post« nannte den Enthusiasten einen »Cocktail-Archäologen«, die »New York Times« hieß ihn den »Indiana Jones der Tiki-Drinks«. Seit 1998 hat Berry ein halbes Dutzend Bücher über die tropische Cocktailkultur geschrieben und maßgeblich zur Tiki-Renaissance beigetragen.

In seiner ersten Publikation »Grog Log« veröffentlichte Beachbum Berry sein wohl bekanntestes Rezept: den Ancient Mariner, den er 1994 gemeinsam mit Annene Kaye (später Kaye-Berry) kreiert hatte. Es handelt sich keineswegs um eine Schöpfung aus dem Nichts, sondern um eine Interpretation des Navy Grog, der von Donn Beach erfunden und von Trader Vic weiterentwickelt worden war. Apropos Interpretation: Der Name des Cocktails stammt von Samuel Taylor Coleridge, dessen »The Rime of the Ancient Mariner« (Die Ballade vom alten Seemann) im englischen Sprachraum so wichtig ist wie Schillers »Lied von der Glocke« oder Goethes »Erlkönig« in Germany.

Donn Beach hatte den Navy Grog mit Runny Honey gesüßt und gewürzt, den Trader Vic durch braunen Sirup einerseits und Pimento Dram andererseits ersetzte. Pimento oder Allspice Dram ist ein Likör auf Rum-Basis, der vor allem mit Piment aromatisiert wird, aber auch an Nelken, Zimt und Muskat denken lässt – und wie Falernum und Orgeat zu den typischen »natürlichen Geschmacksverstärkern« der Tiki-Kultur gehört. Der Ancient Mariner wird, Tiki durch und durch, von aromatischem Rum getragen, der von würziger Grapefruit und intensivem Pimentlikör brillant umgarnt wird.

Je 3 cl Demerara-Rum und dunklen jamaikanischen Rum, 0,75 cl Pimentlikör (Pimento/Allspice Dram), 2,25 cl Limettensaft, je 1,5 cl Grapefruitsaft und Zuckersirup auf Eis schütteln, in einen Tumbler mit zerstoßenem Eis abseihen und mit Minze beflaggen. | Navy Grog (Donn Beach): Je 3 cl weißen kubanischen oder puerto-ricanischen, goldenen Demerara- und dunklen jamaikanischen Rum, je 2,25 cl Grapefruit- und Limettensaft, je 3 cl Runny Honey (Honig und Wasser 1:1) und Mineralwasser auf Eis schütteln, doppelt in einen Tumbler mit einem großen Eiswürfel abseihen, Limette und Minze als Garnitur.

5 Angel Face

Sweetness für harte Jungs

Abe Bernsteins Purple Gang, auch Sugar House Gang genannt, gehörte zur Kosher Nostra und trieb mit Beginn der Prohibitionsära ihr Unwesen. Sie bestand aus Immigranten aus Osteuropa und bestach durch ihr skrupelloses Auftreten, als durch die beginnende Massenproduktion des Ford Modells T aus dem beschaulichen Detroit die gigantische Motor City wurde. Bis zu 500 Morde sollen auf das Konto der Bande gehen, die im Alkoholschmuggel, der Schutzgelderpressung, der Gewerkschaftsbekämpfung, später auch im Glücksspiel ihre Berufung sah. Zur Gang gehörte Abe Kaminsky, ein berüchtigter Schläger und hemmungsloser Mörder. Er machte nicht viel Federlesen, sondern marschierte schnurstracks in ein »Blind Pig« (Speakeasy), hielt dem Barkeeper ein Messer an den Hals oder eine Pistole an die Stirn, und es hieß: Geld oder Leben. Von hagerer Figur, trug er zu weite Anzüge, Schiebermütze und Fliege und war leicht an seinen Segelohren zu erkennen. Kein Mobster konnte seinem Gewerbe ohne einen Spitznamen nachgehen, und Kaminskys Ehrentitel lautete »Angel Face«.

Der Angel Face ist ein Drink für harte Jungs: zwei Spirituosen, ein Likör, sonst nichts. Doch zugleich hat der unbarmherzige Mix ein Engelsgesicht voller »Sweetness«, die fraglos vom Apricot Brandy stammt. Aber der Reihe nach: Die Liaison der wesensfremden Zutaten, die so gar nicht zusammenzupassen scheinen, funktioniert perfekt. Damit der Gin nicht untergeht, sollte er von durchsetzungsstarkem Wacholder sein, der sich nicht in floralen, fruchtigen, filigranen Nebenaspekten verliert. Der feinfruchtige Calvados bändigt den aufdringlichen Apricot Brandy auf erstaunliche Weise. Um den Mix noch weicher zu machen, empfiehlt Cocktail-Papst Simon Difford eine Häresie: einen winzigen Schluck Apfelsaft. Wer sich nicht versündigen möchte, messe den Calvados knapp über, den Apricot Brandy knapp unter dem Strich ab.

3 cl Gin, 3 cl Calvados, 3 cl Apricot Brandy auf Eis kaltrühren, in ein gekühltes Likörglas abseihen und mit einer gesäuerten Apfelscheibe schmücken. | Claridge (Harry Craddock, »Savoy Cocktail Book«, 1930): Je 4,5 cl Gin und weißer Wermut, je 1,5 cl Triple Sec und Apricot Brandy, mixen wie gehabt, mit Zitrone garnieren.

6_Aperol Spritz

Venezianischer Rhabarber

Die Republik Venedig, über Jahrhunderte eines der Handelszentren der Welt, fand 1798 ein jähes Ende. Im Ersten Koalitionskrieg gegen die Monarchien Europas sandte das revolutionäre Frankreich einen jungen General namens Napoleon Bonaparte nach Italien, dem die Venezianer nichts entgegenzusetzen hatten. Durch den Friedensvertrag von Campoformio zwischen Frankreich und Österreich fiel Venezien allerdings an die Habsburger – bis es 1866 im noch jungen Königreich Italien Unterschlupf fand. Die Legende besagt, dass die österreichischen Soldaten dem italienischen Wein nicht abgeneigt waren, aber gefälligst einen »G'spritzten« haben wollten – wie von alters her gewohnt. Und so fand die Kunst der Verdünnung nach Venedig … Die Geschichte ist nett – aber auch profund? Kaum vorstellbar, dass die Italiener darauf nicht schon längst selbst gekommen waren.

Spritz, Spriz, Sprizz, Spriss, Sprisseto – wie auch immer man zu sagen beliebt, der venezianische Gespritzte ist in 1.000 Varianten so erfrischend, dass man sich den Sommer gar nicht mehr ohne vorstellen mag. Am gängigsten sind sicherlich die roten Bitterliköre, nicht nur der milde Aperol, sondern auch der komplexere Select und der grimmige Campari, allesamt mit Rhabarberwurzeln und zig anderen Botanicals angesetzt. Die Faustregel: drei Teile italienischer Schaumwein, zwei Teile Likör, ein Teil Mineralwasser. Eine einfache Rechnung, freilich stets exakt zu justieren, die bei einem schwarzen Bitterlikör auf Artischockenbasis, wie Cynar, schon nicht mehr aufgeht.

Die Verdünnung mit Schäumern und Pricklern ist freilich nicht exklusiv das Schicksal der italienischen Amari, vielmehr kann verlängert werden, was nicht bei drei auf den Bäumen ist: alle nur erdenklichen Fruchtliköre, von Holunder über Pfirsich bis Johannisbeere. Oder der Enzianlikör Suze? Die englische Allzweckwaffe Pimm's No. 1? Limoncello? Oder doch Aperol?

6 cl Aperol, 9 cl Prosecco, 3 cl Mineralwasser in ein Weißweinglas mit Eis geben, mit Zitruseinlage servieren. | Limoncello Spritz: 5 cl Limoncello, 10 cl Prosecco, 5 cl Tonic Water.

7 Appletini

Adams Apfel

Loren Dunsworth hatte das Lola's in West Hollywood gerade erst eröffnet und bastelte an ihrer Cocktailkarte, die sie mit vielen echten oder falschen Martinis bestücken wollte – kurz: mit allem, was man guten Gewissens oder spaßeshalber in einem Cocktailspitz servieren kann. Am 4. Juli 1996, dem Unabhängigkeitstag, biss Barkeeper Adam Karston in den sauren Apfel und zog einen quietschgrünen Sour-Apple-Likör aus dem Regal. Er kombinierte den radioaktiven Granny-Smith-Likör mit Wodka und hauseigener Süß-Sauer-Mischung. Dunsworth und Karston tauften den Drink im artifiziellen Look »Adam's Apple Martini«, Karriere machte er freilich unter dem Kurztitel Appletini.

Der chemiewaffengrüne »Big Apple« aus Los Angeles hätte gut ein Kind der schrillen 80er sein können, ist aber zugleich weit mehr als bloß ein Nachzügler des Neonjahrzehnts. Denn er gehört zu den ersten Flaggschiffen der Alternatini-Welle, die mit dem Espresso Martini oder dem Porn Star Martini (siehe Nummer 45 und 79) einige verehrungswürdige Hochkaräter hervorgebracht hat. Die »International Bartenders Association« nahm ihn, mit Triple Sec zum Trio erweitert, zwischenzeitlich in ihren Kanon auf, er war nicht nur in den Staaten enorm erfolgreich und wurde von Sitcoms wie »Scrubs« und »Two and a Half Men« auf die Mattscheibe gebracht.

Längst hat der Wind sich gedreht: Während gefährlich gefärbte Liköre nicht mehr wirklich als cool gelten, sondern eher schon als peinlich, stehen frische, natürliche Zutaten hoch im Kurs. Heute würde man einen Appletini wohl in Form eines Sours designen, den Wodka möglicherweise mit Calvados kombinieren, Apfelsaft oder Cidre erwägen und mit Zitrone oder Limette und Sirup austarieren – der mixologischen Phantasie sind wie immer keine Grenzen gesetzt. Oder man würde sich vom Schummel-Martini zurück in Richtung des Originals orientieren – durch einen Schuss Wermut.

5 cl Wodka, 3 cl Saurer-Apfel-Likör, 1,5 cl Lime Juice Cordial (siehe Nummer 41), 1,5 cl klaren Apfelsaft kaltrühren, in ein gekühltes Martiniglas abseihen, gesäuerten Granny Smith scheibchenweise anklemmen. | Apple Martini: Ein gefrostetes Martiniglas mit 0,5 cl Absinth benetzen, 4,5 cl Wodka, je 1,5 cl weißen Wermut und klaren Apfellikör kaltrühren, abseihen und mit einer mit Zitronensaft benetzten Apfelspalte garnieren.

8 Aviation

Im Geheimdienst Ihrer Majestät

In der zwölften Folge der vierten Staffel von »Mit Schirm, Charme und Melone«, die gerade noch rechtzeitig vor Weihnachten 1965 im britischen Fernsehen ausgestrahlt wurde, bekommen es die Agenten John Steed (Schirm, Melone) und Emma Peel (Charme) mit dem mysteriösen Oberst Psev zu tun, der nach London gekommen ist, um eine westliche Verteidigungskonferenz auszuspionieren. Drei große Vorlieben werden dem feindlichen Spion zugeschrieben: jamaikanische Torpedo-Zigarren Nr. 3, Modellflugzeuge und Crème de Violette. Drei Elemente, die ein eindeutiger Fingerzeig auf den Aviation sind, in dem der Veilchenlikör die Hauptrolle spielt.

Crème de Violette hatte seine große Zeit Ende des 19. Jahrhunderts, kam aber in der Folge völlig außer Mode und war schon in den 1930ern kaum mehr erhältlich. Auf seine Seltenheit spielt die Folge der Geheimdienstserie an, indem sie den sowjetischen Botschafter vergebens auf die Suche schickt – Steed ist es schließlich, der ihm den begehrten Veilchenlikör zuspielt. Mit der Renaissance der Cocktailkultur ist auch Crème de Violette wieder in die Regale ausgesuchter Spirituosengeschäfte und Bars zurückgekehrt.

Von den Cocktails, in denen der Likör einst glänzen durfte, hat allein der Aviation ein großes Comeback geschafft. Fraglos deutlich früheren Datums, hat der Deutschstämmige Hugo Ensslin, seines Zeichens Bartender im Wallick Hotel am New Yorker Times Square, den Drink 1916 in »Recipes for Mixed Drinks« als Erster beschrieben. Crème de Violette verleiht ihm nicht nur eine seifigblumige Veilchennote, sondern auch eine zarte silbergraue Färbung. Beim Aviation kommt es, wie bei allen Sours, auf die Harmonie von Süße und Säure an, aber auch sehr entscheidend auf die Bemessung des Veilchenlikörs, der fraglos seinen Charme hat, aber in zu hoher Dosis auch die unangenehme Eigenschaft, die anderen Zutaten zu überlagern. Cheers, Emma Peel!

6 cl Gin, 2 cl Zitronensaft, 1,5 cl Maraschino und 0,75 cl Crème de Violette auf Eis schütteln, doppelt in eine gekühlte Coupette abseihen und mit Zitrone und Kirsche schmücken. | Water Lily (Richard Boccato, Little Branch, New York, 2007): Je 2,5 cl Gin, Triple Sec, Crème de Violette, Zitronensaft auf Eis schütteln, doppelt in eine gekühlte Coupette abseihen, Zitrone als Garnitur.

9 B52

Schicht im Schacht

Peter Fich, Barkeeper im Banff Springs Hotel, malerisch in den kanadischen Rocky Mountains gelegen, hatte ein Faible für Musik und benannte die von ihm höchstselbst kreierten Drinks nach Bands und Musikern, die er besonders schätzte. Als Geburtsjahr des B52 wird immer wieder 1977 angegeben, und das sollte Musik- und Cocktail-Historikern gleichermaßen zu denken geben, denn die namengebenden B-52's veröffentlichten ihre erste Single »Rock Lobster« 1978, ihren ersten Longplayer, gelb und ohne Titel, erst 1979. Wie dem auch sei, die B-52's benannten sich nach den Beehive- oder Bienenkorb-Frisuren ihrer Sängerinnen Kate Pierson und Cindy Wilson. Das Kürzel der Frisur wiederum war den B52-Bombern entlehnt, weil die Bienenkörbe aussahen wie deren Bugspitzen.

Der B52 ist ein Pousse Café, ein »Schichtcocktail«, bei dem die Liquide, sofern man sie geschickt zu schichten versteht, getrennt bleiben: unten Kaffeelikör (etwa Kahlúa), in der Mitte Irish Cream (etwa Baileys) und oben Orangenlikör auf Cognac-Basis (etwa Grand Marnier). Man kann damit nun allerlei Schabernack und Zinnober treiben, beispielsweise den B52 mit einem Strohhalm vom Parterre aus schlürfen oder, Hokuspokus Fidibus, das Dach, präpariert mit etwas Overproof Rum, unter Feuer setzen (aber, bitte: nicht beides zugleich). Und man kann den B52 selbstverständlich ad infinitum variieren. B51: Haselnusslikör ersetzt Grand Marnier. B52 with Bomb Bay Doors: Gin als vierte Schicht. B53: Wodka statt Grand Marnier oder Sambuca statt Baileys. B54 und B55: Amaretto oder Absinth nehmen die Stelle des Orangenlikörs ein. Und, und, und …

Wie man es auch dreht und wendet: Der B52 ist ein Showman und Rockstar. Spektakulär die Schichten. Noch spektakulärer, legt man Feuer daran. Aber ein Cocktail ist der B52 nicht, denn es wird ja nichts gemischt, sondern, im Gegenteil, sorgsam getrennt gehalten.

1,5 cl Kaffeelikör in ein Schnapsglas geben, 1,5 cl Sahne-Whiskey-Likör vorsichtig über einen Löffel daraufschichten, mit 1,5 cl Orangenlikör auf Cognac-Basis (Grand Marnier) ebenso verfahren. | Made in Germany: Eierlikör, Kirschlikör, Magenbitter – nur gucken, nicht trinken!

10 Bamboo

Kein Zulu aus Mataboolo

In »Under the Bamboo Tree«, einem frühen Tin-Pan-Alley-Song, der aus dem Jahr 1902 datiert, trägt ein »Zulu aus Matabooloo« einer holden Dschungel-Maid an, seine »Queen« zu werden. Alle Versuche, den Bamboo auf das populäre Lied zurückzuführen, mussten scheitern, denn der Cocktail ist mindestens ein Jahrzehnt älter. Wahrscheinlich bezieht sich der Name ganz trivial auf die Farbe von getrocknetem Bambus, die sich auch im Glas rekelt. Die einfache, aber vortreffliche Liaison von Sherry und Wermut stellte sich spätestens Anfang der 1890er Jahre, wahrscheinlicher aber Mitte der 1880er Jahre oder noch früher erstmals ein. Viele Quellen schreiben den Bamboo dem deutschstämmigen Bartender Louis Eppinger zu, der sich an der US-amerikanischen Westküste einen Namen gemacht hatte und den es 1889 nach Yokohama verschlug. Ob der Bamboo aus seiner Feder stammt oder von Engländern nach San Francisco oder Portland importiert wurde – all das verliert sich im Dunkel der Geschichte und ist so wichtig nicht.

Viel wichtiger: die delikate Legierung der Nussaromen des Sherrys mit den überschwänglichen Kräutern des Wermuts, vermählt durch Orange Bitters. Der Bamboo ist mehr Prinzip denn Rezept: Die ältesten Aufzeichnungen schlagen drei Teile Sherry und einen Teil Wermut vor, während die beiden aufgespriteten Weine heute in der Regel pari zueinanderfinden – was in der Tat besser funktioniert. Vorwiegend kommt trockener Wermut ins Glas, manche ziehen Mischungen von trockenem und süßem vor. Vielfach gesellen sich zu den ein bis zwei Dashes Orange Bitters ein bis zwei Spritzer Angostura. In der Regel wird der Bamboo gerührt, mitunter auch geworfen, also aus großer Distanz mehrfach von einem Glas ins andere geschüttet, um die Aromen zu öffnen, wie es beim Sherry durchaus üblich ist. Ein ultrasimpler Klassiker, den man frei variieren kann und der doch – so oder so – stets gelingt.

Je 3 cl Sherry und weißen Wermut, 2 Spritzer Orange Bitters auf Eis rühren, in eine gekühlte Coupette abseihen, mit Orangenschale dekorieren. | Adonis (Broadway-Musical, Dauerbrenner ab 1884): 6 cl Sherry (Oloroso), 3 cl roter Wermut, 2 Spritzer Orange Bitters, mixen wie gehabt.

11 Barracuda

Tiki italiano

Am 5. Mai 1965 lief die »Michelangelo« zu ihrer Jungfernfahrt aus. Knapp drei Monate später stach die »Raffaello« erstmals in See – ebenfalls von Genua nach New York. Die beiden schnittigen Passagierdampfer waren ein Prestigeprojekt der Reederei »Italia«, die mit ihren schwimmenden Städten die Atlantiküberquerung auf ein neues Level heben wollte. Doch auf Aufbruchstimmung folgte bald Ernüchterung, denn Ende der 1960er Jahre sanken die Passagierzahlen drastisch, weil sich der transatlantische Verkehr rasend schnell vom Wasser in die Luft verlagerte. Die verschwisterten Dampfer ereilte ein trauriges Schicksal: 1977 wurden sie vom Schah von Persien gekauft, der nach der Iranischen Revolution selbst Geschichte war, und verrotteten. Die »Raffaello« sank 1983 nach einem irakischen Luftangriff im Ersten Golfkrieg, die »Michelangelo« wurde 1991 in Pakistan verschrottet.

Benito Cuppari, 1936 in Genua geboren, wurde vom Glück geküsst: In jungen Jahren heuerte der Barkeeper auf der »Cristoforo Colombo« an. Glück? Nun, er hätte auch dem Schwesterschiff zugeteilt werden können, der »Andrea Doria«, die 1956 als letzter Transatlantikdampfer in den Wellen versank. Zwischen Genua und New York entwickelte Cuppari den Drink, der ihn berühmt machen sollte, aber erst nach seinem Wechsel in die Bar Lido auf der »Michelangelo«. Er taufte ihn Barracuda, nach der gleichnamigen Bar in Santa Margherita Ligure, der »Perle von Tigullien« an der Riviera di Levante.

Der Barracuda kombiniert ein Tiki-Gerüst aus Rum und Ananas mit italienischem Flair: mit den Kräuternoten und Vanilletupfen von Galliano, dem lombardischen Likör, sowie der Eleganz von Prosecco, dem feinperligen Schäumer aus Venetien. Gern ehrte man Cuppari für seine transatlantische Heldentat mit dem »Goldenen Shaker«, doch den hatte er längst gewonnen: 1966 bei einem Wettbewerb auf St. Vincent in der Karibik – selbstredend für den Barracuda.

4,5 cl goldenen Rum, 1,5 cl Galliano L'Autentico, 4,5 cl Ananassaft, 1,5 cl Limettensaft, 0,75 cl Zuckersirup auf Eis schütteln, doppelt in eine gekühlte Coupette abseihen, mit circa 3 cl Prosecco (oder Champagner) aufgießen, Ananasschiffchen samt Minzebesatzung vor Anker gehen lassen. | Missionary's Downfall (Donn Beach): 5 cl weißen Rum, 2 cl Pfirsichlikör, 1,5 cl Limettensaft, 1 cl Runny Honey, 10–15 Blätter Minze, 1 Scheibe Ananas (circa 1 cm dick), 4 Spritzer Pfirsich Bitters mit circa 100 g zerstoßenem Eis im Mixer pürieren, in ein Hurricaneglas abseihen und mit Minze missionieren.

12 Bees' Knees

Die unsinkbare Suffragette

Margaret Brown stammte aus einfachen Verhältnissen, genau wie ihr Mann James, der allerdings auf eine Goldader stieß, woraufhin »Molly« ihre soziale Ader entdeckte, sich für allerlei soziale Zwecke einsetzte, insbesondere für die Rechte der Frauen, und zur Suffragette wurde. Nach der Trennung von James reiste sie 1912 durch Europa, wo sie die Nachricht von der schweren Erkrankung ihres Enkels Lawrence erhielt. Sie bestieg den nächsten Dampfer nach Amerika, die nigelnagelneue »Titanic«, die ihren Zielhafen New York freilich nie erreichen sollte – anders als Molly Brown, die zu den Glücklichen zählte, die aus den eiskalten Fluten des Atlantiks gerettet wurden.

Zwar kann man wohl davon ausgehen, dass der simple Mix aus Gin, Honig und Zitrone schon lange zuvor manchen Gaumen erfreut haben wird, allerdings stammt das älteste bekannte Rezept erst aus dem Jahr 1929. In den »Cocktails de Paris« wird der Drink dem Österreicher Frank Meier vom Hôtel Ritz zugeschrieben, der den Bees' Knees in »The Artistry of Mixing Drinks« (1934) mit einem Zitronenviertel, einem Teelöffel Honig und einem halben Glas Gin zubereitet. Ebenfalls 1929 wird allerdings »The Unsinkable Molly Brown« in einem Artikel des New Yorker »Standard Union« als Erfinderin des Bees' Knees gerühmt. Der Schluss liegt nahe, dass Brown im Ritz verkehrte und Meiers Drink über den großen Teich in die Staaten ex- beziehungsweise importierte.

In besagtem Zeitungsartikel wird der Bees' Knees als »eher süß« charakterisiert, gleichwohl bleibt er ein einfacher Gin Sour, in dem der Honig nicht nur für mehr würziges Aroma sorgt, als es Zuckersirup vermag, sondern auch für einen feinen Schaum auf dem Cocktail. Nicht nur James Brown stieß also auf eine Goldader, sondern auch die unsinkbare Molly, nämlich auf jene, die sich ober- und unterhalb der Bienenknie bildet, wenn die fleißigen Insekten auf »Pollenflug« gehen.

1,5 cl aromatischen, zähflüssigen Honig mit 0,5 cl heißem Wasser verrühren und auskühlen lassen. Mit 6 cl Gin und 2 cl Zitronensaft auf Eis schütteln und doppelt in eine gekühlte Coupette abseihen. | Bee's Kiss (nach Frank Meier): 3 cl Rum, je 1 TL Sahne und Honig.

13 Bellini

Colorito aus La Serenissima

Giovanni Bellini (1437–1516) war der große Meister der venezianischen Frührenaissance und der wichtigste Wegbereiter des Goldenen Zeitalters des Cinquecento. Venedig war seinerzeit das europäische Zentrum des Handels mit Farben – und das färbte auf die Malerei ab. Während »Disegno«, die Kunst des Zeichnens, sprichwörtlich für die florentinische Renaissance, von Botticelli bis Michelangelo, geworden ist, charakterisiert »Colorito« die venezianische Kunst der Farbe, von Bellini bis Tizian. Bellinis Landschaften und Porträts erstrahlen im klarsten Licht und in den leuchtendsten Farben – und machen ihn zu einem der 111 Maler, dessen Bilder man sich mal aus der Nähe ansehen sollte.

Eine der leuchtendsten Farben der hohen Cocktailkunst entsteht, wenn man Weinbergpfirsiche püriert und in Schaumwein tränkt. Giuseppe Cipriani, Gründer von Harry's Bar in Venedig, machte es vor – und nicht zuletzt der Bellini seine Bar weltberühmt. In seiner einfachsten und bis heute üblichen Form besteht der Mix aus einem Drittel Pfirsich und zwei Dritteln Prosecco. Das Duo Likör und Zitrone verändert die Aromatik nicht wesentlich, zündet aber den Turbo und macht den Pfirsichschäumer komplexer. Ersetzt man Pfirsichpüree durch Granatapfelsaft, spricht man von einem Tintoretto und bleibt ordnungsgemäß in den Grenzen Venedigs, der Malerei und der Renaissance. Püriert man dagegen Erdbeeren, dann ist von einem Rossini die Rede, der allerdings ein Opernkomponist des 19. Jahrhunderts war. Und für den Mix mit Mandarinen schließlich steht Giacomo Puccini, der nicht einmal zu Venedig in einem besonderen Verhältnis stand, gerade.

Zurück in die Lagune: Giuseppe Cipriani hat nicht nur den Bellini erfunden, sondern maßgeblich auch das Carpaccio, jenes dünn aufgeschnittene Rindfleisch, das er nach Vittore Carpaccio benannte – wie Bellini ein Maler der Frührenaissance aus »La Serenissima«.

Weinbergpfirsiche (oder andere Pfirsiche) entkernen und im Standmixer pürieren. 5 cl Pfirsichpüree, 1 cl Pfirsichlikör und 0,5 cl Zitronensaft kurz auf Eis schütteln, doppelt in eine Sektflöte abseihen. Mit circa 9 cl Prosecco auffüllen, vorsichtig umrühren und Pfirsichspalte anstecken. | Tintoretto: 5 cl frischen Granatapfelsaft mit 10 cl Prosecco auffüllen. Rossini: circa 4 Erdbeeren im Shaker zerstoßen, mit 2 cl Erdbeerlikör mixen, mit Prosecco auffüllen. Puccini: circa 8 Mandarinenspalten, 2 cl Mandarinenlikör, mixen und auffüllen wie gehabt.

14 Birne-Ingwer-Mojito

Totgesagte leben länger

Von überall stammen die Zutaten für großartige Cocktails, nur nicht aus Deutschland. Korn, Wacholder und Kümmel führen im angloamerikanisch geprägten Cocktailwesen nicht mal ein Schattendasein. All die Brände, Wässer und Geiste, die im deutschsprachigen Raum üppiger blühen als anderswo, sind lange aus der Mode gekommen, und die Generationen, die Obstler mit der Muttermilch aufgesogen haben, sind im Aussterben begriffen. Das ist provokant gesagt – und stimmt, Gott sei Dank, auch nicht. Beziehungsweise: nicht mehr. Denn in jüngeren Jahren sind Obstbrand, -wasser und -geist in den Fokus der Mixologen geraten und haben sich als brillante Basis- oder Nebenspirituose in ungekannten Kompositionen erwiesen. Und weil Wodka, Gin, Tequila, Rum, Cognac und Whiskey schon millionenfach konjugiert und dekliniert, kombiniert und variiert wurden, ist vielleicht nirgends so viel Raum nach oben wie bei Kirsch, Mirabelle und Schlehe.

Schoellmanns Bar & Küche in Offenburg gehört zu den Pionieren der Rehabilitierung deutscher Destillate. Himbeere und Rum, Zirbe und Wermut, Haselnuss und Port, Quitte und Gin, Pflaume und Grappa, Vogelbeere und Wodka – die möglichen Paarungen zwischen Obstlern und ihren Verwandten einerseits und klassischen, fast immer fremdsprachigen Cocktailzutaten andererseits sind schier unermesslich. Die Kombination von Birne und Ingwer, aus der Kochkunst hinlänglich bekannt, war 2008 eine Pioniertat aus dem badischen Hause Schöllmann. Ein Williams-Birnen-Brand aus dem nahen Schwarzwald ersetzt den karibischen Rum formidabel, während Ingwer seine frische Zitronenschärfe beisteuert. Totgesagte leben länger: Die fruchtigen Noten von Bränden und Geisten, die denselben schon auszuhauchen drohten, sind eine extreme Bereicherung für die Cocktailkultur, denn sie bringen umsonst mit, was man sonst mitunter mühselig ins Glas zwingen muss: subtile Aromen feinsten Obstes.

2 Teelöffel Rohrzucker, ½ Prise Salz, 2,5 cl Limettensaft, 15 – 20 Blätter Minze, 5 sehr dünne Scheiben Ingwer und 5 cl Mineralwasser in ein Highballglas geben, gründlich mit einem Barlöffel zerstoßen und umrühren (bis der Zucker sich aufgelöst hat), 5 cl Williams-Birne hinzufügen, mit Eiswürfeln und Mineralwasser auffüllen, mit Minze beflaggen. | Himbeer-Mojito (Alexander Mayer, One Trick Pony, Freiburg): 10 Blätter Minze mit 2 TL Zucker und 3 cl Limettensaft in einem gekühlten Tumbler anstoßen, je 3 cl weißen Rum und Himbeergeist dazugeben, kurz mit Eis kaltrühren, 3 – 4 cl Mineralwasser zugießen, mit Himbeeren und Minze garnieren.

15 Black Velvet

Röstmalz mit Mousseux

Anfang des 19. Jahrhunderts wurde das beschauliche Coburg zum europäischen Machtzentrum. Die Söhne von Franz von Sachsen-Coburg-Saalfeld heirateten quer durch Europa, und früher oder später besetzten die Oberfranken die Königshäuser von Belgien, Bulgarien und Portugal. Albert von Sachsen-Coburg und Gotha heiratete 1840 Queen Victoria, die drei Jahre zuvor, mit 18 Jahren, den britischen Thron bestiegen hatte. Als er 1861, gerade einmal 41 Jahre alt, starb, trug die Queen Schwarz – für die weiteren vier Jahrzehnte ihrer Regentschaft.

Die Legende will, dass der Black Velvet erstmals anlässlich des Todes von Prinz Albert, kurz vor Weihnachten besagten Jahres, getrunken wurde – im Brooks's, einem der ältesten Gentlemen's Clubs Londons. Das schwarze Bier hüllte, dem Anlass gemäß, den royalen Champagner in Trauer. Ob Wahrheit oder Dichtung, die älteste schriftliche Fixierung der simplen Mixtur stammt von Harry Johnson, aus dem »New and Improved Bartender's Manual« von 1888 – unter dem Namen »Champagne Velvet«. Johnson präzisiert das Bier als Porter. Das englische Schwarzbier soll Anfang des 18. Jahrhunderts das Getränk der Lastenträger, der Porter, gewesen sein. Es wird aromatisch nicht nur vom Röstmalz geprägt, sondern auch von der Herbe und Bittere des Hopfens. Frank Meier tauft die Kombination 1936 in »The Artistry of Mixing Drinks« in Black Velvet um und schlägt Stout vor. Stouts sind »starke Porter«, oftmals allerdings weicher, cremiger und auch einen Hauch süßer.

Meier nennt den Black Velvet auch Bismarck, wie vor ihm bereits Frank Newman in der Sammlung »American Bar« von 1904. Otto von Bismarck, ein bisschen Gourmet, aber mehr noch Gourmand, war bekanntlich ein trinkfester Zecher, der an allerlei liquiden Genüssen Gefallen fand – auch der Reichskanzler soll seinen Champagner gern gefärbt haben, nicht mit Porter oder Stout, sondern mit deutschem Schwarzbier.

Champagner (oder vergleichbaren Schaumwein) und schwarzes Bier (Porter, Stout etc.) zu gleichen Teilen in eine gekühlte Sektflöte füllen. | Poor Man's Black Velvet: Cider statt Champagner. Hangman's Blood: je 3 cl Gin, Rum, Whiskey, Brandy und Portwein in ein großes Bierglas füllen, zuerst mit 15 cl Stout, dann mit 12 cl Champagner aufgießen.

16 Blood and Sand

Der Latin Lover

Rodolfo Guglielmi hatte Mist gebaut. Als Schüler verhaltensauffällig, schaffte er den Abschluss an der Landwirtschaftsschule nur mit Ach und Krach und wurde bei der Marine nicht genommen. Er riss aus und verprasste in Paris alles Geld, woraufhin der Familienrat beschloss, den Bad Boy nach Amerika zu schicken, auf dass er lerne, auf eigenen Beinen zu stehen. Weihnachten 1913 kam der 18-Jährige in New York an, schlug sich mit Gelegenheitsjobs durch, wurde erst Tänzer, um sich dann als Schauspieler zu versuchen. Er nannte sich nun Rudolph Valentino und schaffte 1921 den Durchbruch – mit »Die vier Reiter der Apokalypse«, einem der erfolgreichsten Stummfilme überhaupt. Bis zu seinem frühen Tod mit 31 Jahren blieben dem umschwärmten »Latin Lover« noch fünf Jahre und zwölf Filme, in denen er zu einem der größten Stars der Stummfilmära aufstieg.

Der erste Auftritt des Blood and Sand schwarz auf weiß findet sich in Harry Craddocks »Savoy Cocktail Book« von 1930, mit den vier Zutaten zu gleichen Anteilen. Für die meisten Zungen von heute ist er damit ein klein wenig zu süß und dankt es einem, wenn man Whisky und Orange die Vorfahrt vor Wermut und Kirsche gewährt. Und wenn man einen Whisky parat hat, der vor dem Wermut nicht einknickt, aber seinerseits nicht zu dominant ist.

1922 spielte Rudolph Valentino in »Blood and Sand« Juan Gallardo, der, aus einfachen Verhältnissen stammend, zum umjubelten Matador aufsteigt, dem der Ruhm zu Kopfe steigt, der sich durch Affären selbst zugrunde richtet und dessen Blut am Ende den Sand der Arena tränkt. Kurz vor seinem Tod bezeichnete Valentino den Stierkämpfer in »Blood and Sand« als seine beste Rolle – kein Wunder, spielte er im Grunde doch sich selbst. Der trüb rotbraune Blood and Sand gilt, anders als Latin Lover Valentino, nicht als Schönheit, aber, wie sagt man in solchen Fällen, auf die inneren Werte kommt es an.

3 cl Scotch Whisky, je 2,25 cl roten Wermut und Kirschlikör, 3 cl Blutorangensaft auf Eis schütteln, doppelt in ein gekühltes Likörglas abseihen, mit Orangenzeste parfümieren und garnieren. | Toréador: 6 cl Tequila, 3 cl Limettensaft, 3 cl Apricot Brandy, 0,5 cl Agavensirup, 1–2 Spritzer Orange Bitters auf Eis schütteln und in eine gekühlte Coupette abseihen.

17_Bloody Mary

Die treulose Tomate

Zwei Kandidaten sind im Rennen um die Urheberschaft der Kombination von Wodka und Tomatensaft. Zum einen Fernand Petiot (1900–1975), der mit 16 Jahren in der Pariser New York Bar als Küchenjunge anfing, also deutlich vor der Übernahme durch Harry MacElhone. Mitte der 1920er Jahre wechselte Petiot über den Großen Teich und war von 1934 bis 1966 Barchef im New Yorker St. Regis Hotel. Zum anderen George Jessel (1898–1981), ein beliebter Schauspieler und Hansdampf in allen Gassen Hollywoods, der 1937 die Verleihung der Oscars moderierte. Viel spricht dafür, dass Jessel für die erste Kontaktaufnahme von Wodka und Tomate sorgte, Petiot für die Würze.

Im Rennen um die Namenspatenschaft: Mary Tudor, von 1553 bis 1558 erste Königin Englands, die den Katholizismus wiedereinführen wollte und zahlreiche Protestanten köpfen ließ, weswegen sie den Ehrentitel Bloody Mary verpasst bekam. Eine Kellnerin namens Mary aus dem Bucket of Blood Saloon, einer schäbigen Spelunke in Chicago, steht ebenso unter Verdacht wie Mary Brown Warburton aus der Kaufmannsfamilie Wanamaker, die nach durchzechter Nacht ihr weißes Abendkleid mit dem Drink befleckt haben soll.

Das angegebene Rezept ist nicht mehr als der kleinste gemeinsame Nenner. Stattdessen und darüber hinaus ist erlaubt, was gefällt und sich mit der vielen Avancen gegenüber aufgeschlossenen Tomate verträgt: Anisette, Balsamico, Bitters, Chili, Dill, Ingwer, mediterrane Kräuter, Meerrettich, Muschelsud, Portwein, Rinderfond, Sherry oder Wasabi. Und auch hinsichtlich der Basisspirituose ist die Tomate polygam, von Tequila über Sake, Rum und Scotch bis Gin. Mit dem Wacholder englischer Provenienz spricht man gemeinhin von einem Red Snapper – allerdings war dies anfangs wohl nur eine konkurrierende Bezeichnung für den Mix mit Wodka, weil dem Hotelerben Vincent Astor die anzüglichen Untertöne der Bloody Mary missfielen.

4,5 cl Wodka, 1,5 cl Zitronensaft, je 2–3 Spritzer Worcestershiresauce und Tabasco, etwas Selleriesalz und Pfeffer kurz auf Eis schütteln, mit 9 cl Tomatensaft in ein Glas mit Eis und Salzrand geben, verrühren, pfeffern, mit Limette und Staudensellerie vitaminreich dekorieren. | Michelada: Den Rand eines gekühlten Bierkrugs mit Limettensaft benetzen, in Tajin (Chili-Limetten-Gewürzpulver) drücken. 3 cl Limettensaft, 1 TL Hot Chili Sauce, je 2 Spritzer Worcestershire- und Sojasauce mit 5 Eiswürfeln im Glas verrühren und mit circa ⅓ Liter hellem oder dunklem Bier eigener Wahl aufgießen (auch dies nur der kleinste gemeinsame Nenner).

18 Bramble

An Brombeerhecken schlecken

Dick Bradsell gehörte zu den bekanntesten Barkeepern der Cocktailwelt im Allgemeinen und Londons im Besonderen. Zwei der großen Coups der 1980er Jahre gehen auf sein Konto: der Espresso Martini (siehe Nummer 45) und der Bramble, 1984 in Fred's Club in Soho entstanden. »Cocktail King« Bradsell assoziierte den Bramble mit dem Singapore Sling, wie er ihn einst im Zanzibar Club servierte: Gin, Zitrone, Kirsche, Zucker und Soda in einem großen Glas, beträufelt mit Bénédictine und Brombeerlikör. Noch naheliegender ist freilich, in ihm schlicht einen brombeerinfiltrierten Gin Sour zu sehen.

In einer der berühmtesten und berüchtigtsten Passagen der Weltliteratur schildert Marcel Proust, wie sein Alter Ego eines Wintertages durchgefroren nach Hause kommt und ihm von seiner Mutter Tee und Madeleines, jenes jakobsmuschelförmige Gebäck, angeboten werden. »In der Sekunde, als der Schluck Tee, vermischt mit Krümeln, meinen Gaumen berührte, zuckte ich zusammen und war gebannt von dem Außerordentlichen, das in mir vorging. Ein unerhörtes Gefühl des Glücks durchströmte mich, von dem ich nicht ahnte, woher es stammte.« Dieser Moment wird zur Initialzündung der »Suche nach der verlorenen Zeit«, denn er weist Prousts Ich-Erzähler den Weg zur eigenen Kindheit.

Eines Tages, ob im Winter oder nicht, kam ein Importeur französischer Liquide in Fred's Club und offerierte Armagnac, Cidre, Calvados – und Crème de Mûre alias Brombeerlikör. Als Bradsell ihn kostete, hatte er seinen »Madeleine-Effekt«. Er erinnerte sich seiner Kindheit auf der Isle of Wight, wo er unendlich viel Zeit damit verbracht hatte, Brombeeren zu pflücken, das Gesicht großzügig verschmiert vom Naschen, so viel er wollte, die Arme großflächig zerkratzt von Brombeerdornen. Kurz: das Glück der Kindheit. Also, liebe Leser, nicht an Brombeerhecken schlecken und die Zunge ruinieren, sondern lieber den Bramble entdecken!

5 cl Gin, 2,5 cl Zitronensaft, 1 cl Zuckersirup auf Eis schütteln, doppelt in einen Tumbler mit gestoßenem Eis abseihen, 1,5 cl Brombeerlikör floaten, mit Brombeeren beglücken. | Rose Gold (Minetta Gould, Lady Jane, Denver): 4,5 cl Gin, je 2,25 cl Orangen- und Zitronensaft, 1,5 cl Ingwersirup, 1 Msp. Kurkuma, ½ Eiweiß auf Eis kräftig schütteln, nochmals kräftig ohne Eis schütteln, in eine Coupette abseihen, mit getrockneten Rosenblättern anrichten.

19 Buttermilch-Margarita

Die cremige Quitte

Betty Kupsa, ursprünglich aus Kaindorf an der Sulm in der Steiermark, übersiedelte 1997 nach Hamburg. Nach Jahren, in denen sie dieses und jenes ausprobiert hatte, entschied sie sich, diesmal ohne Wenn und Aber, für das höhere Cocktailwesen. Nachdem sie sich erste Sporen verdient hatte, landete sie im Le Lion von Jörg Meyer, auf dessen Konto der fabelhafte Gin Basil Smash (siehe Nummer 42) geht. Doch sie wollte mehr und eröffnete 2015 ihre eigene Bar, The Chug Club, nur wenige Meter entfernt von der Reeperbahn in St. Pauli.

Kupsas Liebe gehört dem Tequila, den sie in ihrer Bar in allen nur erdenklichen Formen anbietet – von Infused Tequilas, ob mit Hibiskus und Orange oder Chili und Ananas, bis hin zu Klassikern wie Margarita und Paloma (siehe Nummern 100 und 70). Ihre Spezialität sind allerdings jene »Chugs«, die ihrer Bar den Namen gegeben haben. Chug bedeutet so viel wie »hinunterstürzen«, »kippen« oder »auf ex trinken«, ist aber alles andere als der Versuch, die Gäste schnell abzufüllen und loszuwerden. Vielmehr kann man im Chug Club fünf kleine Cocktails inklusive Zwischenbier bestellen – um mehr verschiedene Mixturen probieren zu können.

Der Signature Drink des Hauses ist die Buttermilch-Margarita, freilich schon in Kupsas Zeit im Le Lion entstanden. Er ist, um es gleich zu sagen, eine brillante Variante der Margarita, bei der jeder mexikanische Barkeeper vor Neid erblassen würde. Coup Nummer eins: die Buttermilch, die der hanseatischen Margarita eine cremige, samtene Textur verleiht und sie ungemein frisch macht. Coup Nummer zwei: das Quittengelee, das eine intrikate, überaus feine Fruchtnote beisteuert. Und Coup Nummer drei: die vielstimmige Komposition, die zugleich einfach und komplex ist und in der jedes einzelne Aroma ins Rampenlicht tritt, ohne die Harmonie aus dem Tritt zu bringen. Bitte keinen Chug – sondern die volle Portion!

5 cl Reposado Tequila, 3 cl Buttermilch, 2 cl Limettensaft, 1 cl Zitronensaft, 2 cl Agavensirup, 0,5 cl (1 Barlöffel) Quittengelee auf Eis schütteln und doppelt in ein gekühltes Martiniglas abseihen. | Mexican Firing Squad Special: 5 cl Tequila, 2,5 cl Limettensaft, 2 cl Grenadine, 2 Spritzer Angostura Bitters auf Eis schütteln, in ein Highballglas mit Eis abseihen, circa 2 cl Mineralwasser zugießen und mit Limette und Maraschinokirsche garnieren.

20 Caipirinha

Pinga de luxe

Copacabana, Cachaça, Caipirinha – mehr muss man nicht wissen. Oder doch. Denn zwar stimmt, dass die Copacabana der berühmteste Strand, Cachaça die wichtigste Spirituose und Caipirinha das Nationalgetränk Brasiliens ist. Doch die Caipirinha hat eine zweite Heimat: In Deutschland fluten »Caipis« hektoliterweise die durstigen Kehlen. Schauen wir uns »o alemão«, den deutschesten unter den tropischen Drinks, also genauer an.

Cachaça ist in Brasilien eine geschützte Bezeichnung, während sie dem europäischen Recht unbekannt ist – es mag deshalb nicht verwundern, dass viele Industrieprodukte, die hierzulande als Cachaça vertrieben werden, sich in Brasilien gar nicht so schimpfen dürfen. Traditionell hergestellte (»artesanal«) Cachaça sind diesseits des großen Teichs leider eher selten – umso mehr lohnt es, nach ihnen Ausschau zu halten. Gebrannt werden sie, wie Rum, aus Zuckerrohr, allerdings nicht aus Melasse, sondern frisch gepresstem Zuckerrohrsaft, wie Rhum Agricole. Es gibt weitere Unterschiede, die aber nicht so erheblich sind, dass man Cachaça nicht als brasilianische Schwippschwägerin des karibischen Ron bezeichnen dürfte.

Die Brasilianer nennen ihren Branntwein liebevoll »Pinga«, was nichts anderes heißt als Fusel. Zu Pinga de luxe wird er durch die Vermählung mit Zucker und Limette. Weitgehend Einigkeit besteht darüber, dass es sich gehört, keinen Limettensaft zu verwenden, sondern die Spalten im Glas zu ramponieren, sind die ätherischen Öle der Schale doch wesentlich für die Aromatik. Schon beim Zucker scheiden sich die Geister: Während in Brasilien weißer Rohrzucker ins Glas kommt, ist es hier zumeist brauner – mit seinen malzigen Noten; er ist allerdings oft grobkörnig – feiner ist besser. Und während man in europäischen Gefilden oft Crushed Ice sieht, ist dringend zur brasilianischen Kühlung mit Eiswürfeln zu raten, die den Drink nicht so schnell verwässern.

½ Limette waschen, vierteln, in einen gekühlten Tumbler geben, circa 10 g (2 TL) feinen braunen Zucker aufstreuen und mit einem Muddler gründlich zerstoßen, 1 cl kaltes Mineralwasser und 6 cl gekühlten Cachaça zugeben, umrühren, Eis, Limettenviertel und ein paar Blättchen Minze dazugeben. | Caipirissima: weißer Rum statt Cachaça.

21 Caribbean Milk Punch

Irish Cream aus Rum und Bourbon

Sophie von La Roche (1730–1807) gilt als erste deutsche Schriftstellerin, die ihren Lebensunterhalt durch Schreiben sichern konnte – ihre »Geschichte des Fräuleins von Sternheim« (1771) war ein großer Erfolg. In England um ein Jahrhundert voraus war ihr Aphra Behn (1640–1689), die mit dem Roman »Oroonoko« zur Bestsellerautorin und mit »The Rover« zur umjubelten Bühnenautorin avancierte. In der Tragikomödie »The Widdow Ranter« (1689) findet sich ein Loblied auf den Milk Punch, das erheblich zur Verbreitung des Getränks geführt haben soll. Behn wurde mitunter auch als Schöpferin der Kombination von Whisky oder Brandy und Milch gepriesen, die allerdings wohl deutlich älter ist.

Die Gattung Milk Punch galt zwischenzeitlich als Anachronismus, den man getrost vergessen konnte. Doch in den letzten Jahren wurde der weihnachtliche Drink aus Urgroßmutters Zeiten wiederentdeckt. Das liegt sicherlich an der sogenannten Milchklärung, die im Prinzip genauso funktioniert wie das Entfernen von Trübstoffen aus einer Brühe mittels Eiweiß. Gibt man Milch in die Grundform vieler Drinks – Spirituose, Zucker und Zitrussaft –, dann flockt sie durch den Kontakt mit der Säure aus und bindet die Schwebstoffe. Einst war dies eine Technik der Haltbarmachung, heute sind die Motive ganz anders gelagert: Durch die Klärung wird die Flüssigkeit erstens klar, was bei vielen Drinks einen Überraschungseffekt ins Spiel bringt, zweitens mildert sie die Schärfe des Alkohols, die Bitteraromen und die Säure. Kurz, viele Cocktails werden dadurch leichter, samtiger, harmonischer, runder.

Der Caribbean Milk Punch verzichtet auf die zeit- und arbeitsaufwendige Prozedur der Klärung und enthält vorsichtshalber keine Zitrussäure. Er ist vielmehr auf der süßen Seite, mundet am besten eiskalt und ist eng verwandt mit Irish Cream, nur eben mit karibischem Rum und Bourbon aus Kentucky oder Tennessee.

Je 2,5 cl dunklen Vanille-Rum und Bourbon, 1,5 cl braunen Zuckersirup, 3 cl Sahne, je 2 Spritzer Vanilleextrakt und Honey Bitters auf Eis schütteln, in ein gekühltes Martiniglas abseihen und eine Prise Muskat aufschneien. | Japanese Milk Punch: Je 3 cl japanischen Whisky und Sake, je 1,5 cl Kokosmilch und Zimtsirup, mixen wie gehabt.

22 Champagner-Cocktail

Oh, wie schön ist Panama!

Robert Tomes (*1817 in New York) studierte in Hartford, Philadelphia, Edinburgh und Paris Medizin, kehrte zurück und eröffnete eine Praxis. Als ihn an einem bitterkalten Januartag ein Freund fragte, ob er nicht Lust habe, nach Panama zu gehen, packten ihn das Fernweh, die Abenteuerlust und die Aussicht auf besseres, viel besseres Wetter. Er heuerte bei der »Pacific Mail Steamship Company« an, die 1848 zum Zwecke der Postbeförderung zwischen Panama und San Francisco gegründet worden war, und stach am 5. Februar 1855 in See.

Tomes brachte seine Erfahrungen unter dem Titel »Panama in 1855« zu Papier. Er besingt die Schönheit des Landes, wartet aber auch mit dem ärztlichen Rat auf, Zigarren von früh bis spät und Champagner-Cocktails vor dem Frühstück seien der Gesundheit möglicherweise nicht zuträglich, um sofort frank und frei zu bekennen, beiden Lastern intensiv gefrönt zu haben. Die Stadt Colón, erst 1850 zum Zwecke des Güterumschlags gegründet, verfügte noch nicht über eine gesundheitsförderliche Trinkwasserversorgung, also behalf man sich mit französischem Schäumer, für dessen Nachschub die Überseedampfer sorgten.

Der panamaische Cocktail besteht aus nicht mehr als Champagner, Bitters und Eis, Tomes reibt dem Leser aber unter die Nase, er sei so gut, wer einmal damit anfange, könne nicht mehr aufhören. Jerry Thomas listet ihn in seinem »Bartenders Guide« (1876) an neunter Stelle, mit Zucker, aber noch ohne Cognac. Je länger der Würfelzucker Gelegenheit bekommt, sich in seine Einzelteile zu zerlegen, und je weniger Flüssigkeit gestattet bekommt, sich im Glas aufzuhalten, desto süßer wird der anfangs trocken-herbe Mix. Eine interessante Variante, den Auflösungsprozess zu steuern, ist der Buck and Breck, bei dem das Glas mit Zucker ausgekleidet wird und der nach James Buchanan, 1857 bis 1861 US-Präsident, und seinem Stellvertreter John C. Breckinridge benannt ist.

3 Spritzer Angostura Bitters auf 1 Würfelzucker, in eine gekühlte Sektflöte geben, darauf 3 cl gekühlten Cognac, mit circa 10 cl Brut Champagner aufgießen, Zitronenspirale anheften. | Buck and Breck: Eine gekühlte Sektflöte mit kaltem Wasser füllen und ausschütten, mit feinem Zucker füllen und ausschütten, 4,5 cl gekühlten Cognac, 2 Spritzer Angostura Bitters und 1 Spritzer Absinth einfüllen, mit circa 12 cl Brut Champagner auffüllen.

23 Chartreuse Swizzle

Stat crux dum volvitur orbis

Im Jahr des Herrn 1084 gründete Bruno von Köln (um 1030–1101) die Einsiedelei »La Grande Chartreuse« am Rand der französischen Alpen, um der Welt zu entsagen und sich in der Abgeschiedenheit ganz und gar Gott zu widmen. Seit fast einem Jahrtausend prägen Einsamkeit, Schweigen und Gebet das Leben der Kartäuser. Anders als andere Orden des Mittelalters haben sie das Ideal der Kontemplation und Weltabgewandtheit nie aufgeweicht und keine weltlichen Aufgaben übernommen. Oder doch, denn auch Mönche, wie wenig sie auch brauchen, müssen leben. Seit dem 18. Jahrhundert brennen und aromatisieren sie den »Liqueur Fabriquée par Les Pères Chartreux« in Verte (Grün) mit sagenhaften 55 und in Jaune (Gelb) mit immer noch stattlichen 40 Prozent.

Ein Swizzle wird nicht im Shaker, sondern direkt in hohen, großen Gläsern mit viel Crushed Ice gebaut. Um die Zutaten zu mischen, kommt ein »Swizzle Stick«, nicht zu verwechseln, aber entfernt verwandt mit einem Sektquirl, zum Einsatz. Ursprünglich wurden sie aus dem Holz des karibischen Baums *Quararibea turbinata* alias Swizzlestick Tree geschnitzt, bei dem sich mehrere Zweige an den Astgabeln im Winkel von 90 Grad abspreizen, sodass sich eine Art Quirl ergibt. Man verwirbelt damit im Glas die Liquide wie beim Feuerbohren, indem man den Stick mit beiden Handflächen in Rotation bringt.

Marcovaldo Dionysos – sic! – hat den Chartreuse Swizzle im Tres Agaves in San Francisco kreiert. Falernum und Ananas sorgen für die tropische Grundierung, auf die grüner Chartreuse mit spitzer französischer Feder frische Kräuteraromen zeichnet. Ein Swizzle auf Basis von Chartreuse ist nicht nur mixologisch, sondern auch und gerade theologisch folgerichtig, lautet das Kartäusermotto doch: »Stat crux dum volvitur orbis« – »Das Kreuz steht fest, während die Welt sich dreht«. Eine perfekte Anweisung für den ordnungsgemäßen Gebrauch eines Swizzle Sticks!

4,5 cl Chartreuse Verte, 1,5 cl Falernum, 3 cl Ananassaft, 2,5 cl Limettensaft in ein Highballglas mit zerstoßenem Eis geben, »swizzlen«, mit zerstoßenem Eis auffüllen und mit Minze und Ananasblattspitzen beflaggen. | Angel's Draft (Matthew Dakers, London, 2009): 4 cl weißen Rum, 1 cl Chartreuse Jaune, 2 cl Limettensaft, 1 cl Honig, 1 Spritzer Grapefruit Bitters, 3 Blätter Minze, ⅓ Eiweiß kräftig auf Eis schütteln, nochmals kräftig ohne Eis schütteln, in eine gekühlte Coupette abseihen, mit Grapefruitzeste parfümieren und garnieren.

24 Clover Club

In Saus und Braus

Georg Karl Boldt aus Preußen schipperte 1864 über den Großen Teich und wurde zum Inbegriff des amerikanischen Traums. Er begann als Tellerwäscher, bekam mit 25 Jahren eine gute Stellung im Philadelphia Club, einem der ältesten Gentlemen's Clubs des Kontinents, heiratete die Tochter seines Chefs, baute 1881 an der Ecke Walnut und Broad Street das Hotel Bellevue, das sich schnell einen so guten Ruf erwarb, dass William Waldorf Astor ihn zum ersten Geschäftsführer des Waldorf Hotels in New York machte. Ein so prächtiges Hotel wollte Boldt selbst haben und errichtete in Philadelphia, direkt gegenüber dem alten, das Bellevue-Stratford, das zeitweise als eines der luxuriösesten und spektakulärsten Hotels nicht nur der USA, sondern weltweit galt.

Der Anfang 1882 gegründete Clover Club, der sich »gesellschaftliche Vergnügungen, die Pflege des literarischen Geschmacks und die Förderung des gastfreundlichen Umgangs« auf die Fahnen geschrieben hatte, fand schon im April desselben Jahres im Bellevue sein Zuhause und zog später ins Bellevue-Stratford um, wo sich Journalisten, Richter, Reeder, Ärzte, Bankiers und allerlei Geschäftsleute trafen – und tranken. Um 1908 war der Clover Club der Cocktail des Hauses – und fand mit Paul E. Lowes »Drinks – How to Serve Them« von 1909 und Raymond E. Sullivans »The Barkeeper's Manual« von 1910 Eingang in die Cocktailliteratur.

Es kursieren sowohl Clover-Club-Rezepte ohne als auch mit Wermut – spätestens Harry MacElhone schlägt ihn 1922 in seinem »ABC of Mixing Cocktails« mit vor, ohne aber Farbe zu bekennen. Mit Wermut, und zwar weißem, hat er zweifelsohne mehr Tiefe und Komplexität als ohne. »Clover« bedeutet Klee, der mit vier Blättern bekanntlich das Glück bringt, hat im Motto des Clover Clubs allerdings noch eine andere Bedeutung: »While we live, we live in clover« – »Solange wir leben, leben wir in Saus und Braus«.

4,5 cl Gin, 0,5 cl weißen Wermut, je 1,5 cl Zitronensaft und Himbeersirup, ½ Eiweiß kräftig auf Eis schütteln, nochmals kräftig ohne Eis schütteln, in eine gekühlte Coupette abseihen und mit Himbeeren schmücken. | Clover Leaf: Himbeersirup durch Grenadine ersetzen (dann fast eine Pink Lady, siehe Nummer 76).

25 Colleen Bawn

Die Ballade der Ellen Hanley

Nachdem Ellen Hanley im Alter von sechs Jahren ihre Mutter verloren hatte, wurde sie in die Obhut ihres Onkels John Conroy in Ballycahane bei Limerick gegeben. Als sie 15 Lenze zählte, war ihre Schönheit maßlos erblüht, was auch dem Landadeligen John Scanlan nicht verborgen blieb. Eine Romanze entspann sich, die in der Katastrophe enden sollte: Scanlan überredete das Mädchen, dem Onkel ihre Mitgift zu entwenden und mit ihm durchzubrennen, und versprach, sie zu heiraten. Die folgenden Irrungen und Wirrungen sind nicht eindeutig überliefert, doch schon kurz darauf erschoss Stephen Sullivan, Scanlans Diener, das Mädchen am 14. Juli 1819 bei einer nächtlichen Bootsfahrt und versenkte sie im Fluss Shannon. Der Mörder und sein Auftraggeber standen bald unter Verdacht und endeten jämmerlich am Galgen.

Ellen Hanley ging als »Cailín Bán« – anglisiert »Colleen Bawn« –, was so viel bedeutet wie Jungfrau oder Unschuld, in die irische Folklore ein. Zehn Jahre nach dem Mord erschien Gerald Griffins Roman »The Collegians«, die erste literarische Adaption. 1860 wurde »The Colleen Bawn« des populären Dramatikers Dionysius Lardner Boucicault uraufgeführt, eroberte zwei Jahre später als Oper das Londoner Royal Opera House und wurde in der Stummfilmära gleich mehrfach verfilmt.

Colleen Bawn ist ein Flip. Also ein Drink mit Eigelb oder ganzem Ei, wie in diesem Fall. Im goldenen Zeitalter des Flips, im 18. und 19. Jahrhundert, bildeten in der Regel Whiskey, Rum oder Brandy, aber auch Sherry oder Portwein die Basis, alle im Fass gereift und mit Holzaromatik. Die Kombination mit den beiden französischen Kräuterlikören ist nicht modern – sie wurde schon 1903 von Edward Spencer erstmals schriftlich fixiert. Colleen Bawn ist auf der süßen Seite: winterlich, weihnachtlich, hochprozentig. Kein nasses Grab, sondern das verflüssigte Knistern im Kamin. Oh, bedauernswerte Ellen Hanley!

Je 3 cl Rye Whiskey, Bénédictine, Chartreuse Jaune, 0,5 cl braunen Zuckersirup, 1 Ei auf Eis ausdauernd schütteln, doppelt abseihen, ohne Eis erneut ausdauernd schütteln, in ein gekühltes Likörglas abseihen, je einen Hauch Zimt und Muskat aufschneien. | Death Flip (Chris Hysted, Black Pearl, Melbourne, 2010): 3 cl Blanco Tequila, je 1,5 cl Jägermeister und Chartreuse Jaune, 0,25 cl Zuckersirup, 1 Ei, mixen wie gehabt, in eine gekühlte Coupette abseihen und mit einem Hauch Muskat berieseln.

26 Corpse Reviver No. 2

Keine vier vor elf

Manchmal geraten die Dinge aus dem Lot, die Gleichgewichte bedrohlich ins Schwanken – ein eindeutiger Fall von Dysäquilibrium. Wenn überdies Acetaldehyd auf die Zytokine losgeht und Fuselöle durch die Blutbahnen pöbeln, dann hat man den Salat. Es hämmert und pocht in der entmachteten Kommandozentrale, Krämpfe piesacken die leidgeplagten Eingeweide – wenn das kein Kater ist! Apropos *Felis catus*: Sowohl der »Kater« als auch der »Katzenjammer« haben nichts mit den nun wirklich allerbesten Freunden der Menschen zu tun, sondern stammen sprachlich erstens vom »Katarrh« und zweitens vom »Kotzen-Jammer«, wer kennt ihn nicht.

Was dem Konterbier recht ist, ist dem Corpse Reviver billig. Ehedem war es eine Selbstverständlichkeit, Feuer mit Feuer zu bekämpfen. Bis 1897, als der Durchbruch bei der Acetylsalicylsäure gelang, vertraute man mitunter auf einen erfrischenden und belebenden Drink, solange der Tag noch jung war, um die gestern erst gerufenen Geister zügig wieder zu vertreiben. Schon um die Mitte des 19. Jahrhunderts fand der Begriff Corpse Reviver Verwendung, und als ihn Harry Craddock 1930 im »Savoy Cocktail Book« in zwei Versionen verzeichnete, war seine große Zeit wahrscheinlich schon vorbei. Den Corpse Reviver No. 1 (je ein Teil Wermut und Calvados, zwei Teile Brandy) empfahl er zur Einnahme vor elf Uhr morgens, warnt bei No. 2 (No. 2b: Chartreuse Jaune statt Triple Sec) aber vor vier Gläsern in rascher Folge, dadurch könne sich die Leblosigkeit verstetigen. Zu Risiken und Nebenwirkungen fragen Sie, wie immer, Ihren Schwarzbrenner oder Speakeasy-Bartender.

Sauer macht lustig – und erweckt die Toten des gestrigen Abends garantiert zu neuem Leben. Wer nachweislich gar nicht unter einem Kater leidet, darf seinen Corpse Reviver No. 2 selbstverständlich mit einem Spritzer Zuckersirup, aber nicht mehr, geschmeidig machen. Gesundheit und ein langes Leben!

Je 2 cl Gin, Triple Sec, Lillet Blanc, Zitronensaft, 2 Spritzer Absinth auf Eis schütteln und doppelt in eine gekühlte Coupette abseihen. | Horse Reviver (Shana Race, Los Angeles): Je 2,5 cl Bourbon, Triple Sec, weißen Wermut, Zitronensaft, 1 Spritzer Absinth, mixen wie gehabt, mit Zitronenzeste auffrischen.

27_Cosmopolitan

Nicht vorschnell aufhören!

Es gibt zwei Sorten Sex: erstens »on the Beach« und zweitens »in the City«. Wenden wir uns an dieser Stelle der Stadt aller Städte zu. Der Stadt, die nie schläft, aber stets beischläft. Der Stadt, die niemals trinkt, sondern unentwegt nippt. Der Stadt, in der das Anfangen nie aufhört und das Aufhören nie anfängt. Und wenn das Aufhören doch mal anfängt, dann aus sehr speziellen Gründen: »Warum haben wir nur aufgehört, die zu trinken?«, fragt Charlotte. Carrie antwortet: »Weil alle anderen damit angefangen haben.«

Kann man also eigentlich gleich aufhören aufzuhören – und ohne weiteren Verzug anfangen anzufangen: Zu globalem Ruhm gelangte der Cosmopolitan durch »Sex and the City« und auf Basis von Zitronenwodka. Ob solche Formen der Aromatisierung sein müssen, sei dahingestellt – fest steht, dass der Cosmopolitan ohne vielleicht sogar besser funktioniert. Interessanter könnte sein, dem Wodka ganz den Rücken zu kehren und zu Gin zu greifen, der fast nie ohne Zitruszufuhr destilliert wird und dessen zitrusstarke Vertreter Legion sind. Über den Gin gelangt man auch zu den Quellen des Cosmopolitan. Das Buch »Travelling Mixologists: Pioneers of Mixing Gin at Elite Bars 1903–1933«, publiziert 1934 von Charles Christopher Mueller bei Trinity Press, natürlich in New York, schlägt für einen Cosmopolitan vor: »Jigger Gordon Gin, 2 Dashes Cointreau, Juice of One Lemon, Teaspoon Raspberry« – sauer macht lustig, gewiss, gewiss, aber eine ganze Zitrone wäre nun wirklich ein Spielverderber.

Kosmopoliten pflegen sich auf die Menschenrechte zu beziehen, zu denen, man frage die vier Erotomaninnen, das unverbrüchliche Recht gehört, »jederzeit und überall« einen »Cosmo« zu bestellen. Carrie macht es vor, fährt mit dem Pick-up in den nächstbesten Fast-Food-Drive-in und ordert: »Ich hätte gern einen Cheeseburger, eine große Pommes und einen Cosmopolitan!« Wohl bekomm's!

4 cl Wodka (oder Gin), je 1,5 cl Triple Sec und Limettensaft, 3 cl Cranberrysaft, 1 Spritzer Orange Bitters auf Eis schütteln, doppelt in ein gekühltes Martiniglas abseihen, Limettenspirale für den frischen Look. | Sex on the Beach: 4,5 cl Wodka, je 1,5 cl Pfirsichlikör und schwarzen Johannisbeerlikör (Crème de Cassis), je 4,5 cl Orangen- oder Ananassaft und Cranberrysaft auf Eis schütteln, in ein Highballglas mit Eis geben, mit Orangenschnitz und Maraschinokirsche erotisieren.

28__Daiquirí

Kuba unter Feuer

Daiquirí ist ein verschlafenes Nest bei Santiago im Südosten Kubas, das zweimal ins grelle Licht der Weltgeschichte gezerrt wurde: Kuba war seit dem 16. Jahrhundert spanische Kolonie und kämpfte ab 1868 in drei kriegerischen Aufständen um die Unabhängigkeit. Es hatte sich ein Patt zwischen der geschwächten Kolonialmacht und der Mambí-Guerilla ergeben, das sich die Vereinigten Staaten, die ihre geopolitischen Interessen im Pazifik und in der Karibik durchsetzen wollten, zunutze machten – sie eroberten im Spanisch-Amerikanischen Krieg 1898 Guam, die Philippinen sowie Puerto Rico. Und eben Kuba, nachdem die US-Flotte Daiquirí unter Feuer genommen und besetzt hatte.

Nun stand Kuba unter amerikanischem Vormund, und sofort machten US-Firmen sich die Insel untertan. Jennings Stockton Cox von der Spanish-American Iron Company soll den Daiquirí um 1900, ob in Daiquirí oder Santiago, erfunden haben, als ihm der Gin ausgegangen war, aber das ist wohl nicht mehr als die übliche Folklore, denn schließlich ist kaum vorstellbar, dass ein solch einfacher Mix auf Kuba bis dahin gänzlich unbekannt gewesen sein soll.

Zwei Faktoren entscheiden über Wohl und Wehe in Sachen Daiquirí. Erstens: die Qualität des Rums. Und zweitens: das Mischungsverhältnis. Es reicht üblicherweise von 8:2:1 – der Daiquirí No. 1 von David Embury – über viele gerade oder ungerade Formeln bis 4:2:1 (Rum zu Limette zu Zuckersirup), und so mancher Barkeeper schwört auf Puderzucker statt Sirup. Die Filiationen des Daiquirís sind Legion, darunter der Strawberry Daiquirí, ob »frozen« (siehe Nummer 38) oder nicht, der Banana Daiquirí und der herrliche Daiquirí No. 3 alias Hemingway Special – aber der steht auf einem anderen Blatt, in diesem Fall von Nummer 47. Der Daiquirí ist, ansprechend justiert, eine Pracht von einem Sour, zugleich aber nicht mehr als eine Skizze, die man vielgestaltig ausformulieren kann.

6 cl weißen Rum, 2 cl Limettensaft, 1 cl Zuckersirup (2:1) (oder 2–2,5 gestrichene TL Puderzucker) auf Eis schütteln, doppelt in ein gekühltes Margaritaglas abseihen, Limette anstecken. | Frozen Daiquirí: 6 cl weißen Rum, 0,5 cl Maraschino, je 2,5 cl Limettensaft und Zuckersirup mit circa 175 g zerstoßenem Eis im Mixer pürieren, in einem gefrosteten Margaritaglas servieren (der Drink ist zähflüssig, aber kein Sorbet).

29 Damn it Jimmy

Der japanisch-karibische Gorgonzola

Analog ist besser – das stimmt zwar in der Regel, was aber zugleich heißt, dass es Ausnahmen gibt. Wofür man sich auch interessiert und worüber auch immer man etwas wissen möchte, digitale Datensammlungen können durchaus hilfreich sein. An Simon Diffords »Difford's Guide«, selbstredend »for discerning drinkers«, für anspruchsvolle Trinker, führt in Sachen Cocktails kein Weg vorbei. Tausende Rezepte, Besprechungen, Hintergründe, Geschichte und Geschichten, unzählige Zutaten, von Spirituosen über Liköre bis hin zu Bitters, alle wichtigen Destillerien und Hersteller, die besten Bars rund um den Globus, die ruhmreichsten Barkeeper. Und, und, und … Kurz: Bei Difford bleibt kein Auge trocken.

Und erst recht kein Rachen. Und das ist ja auch viel wichtiger. Neben dem digitalen Guide hat Simon Difford analoges Buch um analoges Buch veröffentlicht, mit allen Cocktails, die man kennen kann, und manchem, den man nicht kennen kann. Und natürlich komponiert der Trinker mit höchsten Ansprüchen auch selbst mit dem Shaker. Sein vielleicht größter Coup gelang 2008 in »The Cabinet Room«, seinem Chemielabor und Wohnzimmer, anders gesagt, in seiner begehbaren Hausbar: Damn it Jimmy, den der Maestro höchstselbst als seinen »vielleicht besten Drink« bezeichnet.

Wer Jimmy ist und warum man ihn so anfahren muss, sei dahingestellt – in jedem Fall ist Damn it Jimmy ein brillanter Martini. Japanischer Sake und karibischer Rum gehen eine verblüffend harmonische Lebensabschnittspartnerschaft ein, die Affären mit frischem, jungem Fino und kräutertrockenem Wermut bekennen sich zum Martiniesken, und der bitteraromatische Blauschimmler trägt das Seine bei. Simon Diffords Damn it Jimmy prahlt nicht damit, ein Martini zu sein, sondern ist einer. Definitiv kein Neo-Martini, sondern ein avantgardistischer Retro-Twist auf den bekanntesten Drink in der Geschichte des Anspruchsvollen.

Je 4,5 cl Sake und weißen Rum, je 0,75 cl Sherry (Fino) und weißen Wermut, 0,5 cl Zuckersirup (2:1) auf Eis kaltrühren, in ein Likörglas abseihen, mit Blauschimmelkäse gefüllte Oliven als Garnitur. | Left Bank Martini (Simon Difford, 2006): 6 cl Gin, je 1,5 cl Holunderblütenlikör und Chardonnay, 0,75 cl weißen Wermut, mixen wie gehabt, mit Limettenzeste garnieren.

30 Dark 'n' Stormy

Im Bermudadreieck

James Gosling stach im Frühjahr 1806 in Gravesend in der Grafschaft Kent, am Südufer der Themse unweit ihrer Mündung gelegen, in See. An Bord: Waren im Wert von 10.000 Pfund Sterling – eine damals schier unermessliche Summe – aus der Weinhandlung seines Vaters William. Das Ziel: die Neue Welt, genauer gesagt Virginia. Allein, das Schiff kam nicht an, denn der Wind weht bekanntlich, wo er will, und er wollte partout nicht in die Segel der »Mercury« blasen. Als nach 90 Tagen der Chartervertrag auslief, strandete Gosling ausgerechnet dort, wo andere nie ankommen, weil sie vorher spurlos verschwinden: in Saint George's auf den Bermudas.

Es muss dem Weinhändlerspross auf der abgelegenen Inselgruppe mit den stets angenehmen Temperaturen hervorragend gefallen haben, denn er blieb nicht nur, vielmehr folgte ihm sein Bruder Ambrose, und 1824 eröffneten sie ihr Geschäft in der Hauptstadt Hamilton. 1860 begannen die »Gosling Brothers«, Rum zu verschneiden. Ebenso dunkel wie aromatisch, wurde er zunächst aus dem Fass in mitgebrachte Gefäße gefüllt, später in Champagnerflaschen von der britischen Offiziersmesse verkauft, die Korken mit schwarzem Siegellack überzogen – aus dem »Old Rum« wurde der »Black Seal Rum«.

Gosling Brothers hat den Namen »Dark 'n' Stormy« – mit einem Apostroph – markenrechtlich schützen lassen, und er ist original nur mit »Gosling's Black Seal 80 Proof Bermuda Black Rum«. Dunkel ist der Rum, stürmisch das Ginger Beer, und aus mehr besteht der Drink in seiner Urform nicht. Von drei zu fünf bis eins zu drei, wie von Gosling vorgeschlagen, reichen die üblichen Relationen – jeder wird seine eigene Justierung finden müssen. Vielfach kommt Limette hinzu, mitunter auch das Trio Limette, Zuckersirup und Angostura Bitters, um die Aromatik komplexer zu gestalten. Wie auch immer, eines ist der Dark 'n' Stormy jedenfalls nicht: ein laues Lüftchen.

15 cl Ginger Beer in ein Longdrinkglas mit viel Eis geben, 5 cl sehr dunklen, sehr aromatischen Rum zugießen, eine Limettenspalte befestigen. | Ginger Rogers (Kathy Flick/Marcovaldo Dionysos): 10–15 Blätter Minze in einem gekühlten Highballglas andrücken, mit 6 cl Gin, je 2,25 cl Zitronensaft und Ingwersirup sowie Eiswürfeln umrühren, mit circa 6 cl Ginger Ale aufgießen, mit Minze begrünen.

31_Dirty Banana

Laszives jamaikanisches Hüftgold

Dancing, Diana, Harry … Was war nicht schon alles dirty! Aber dirty ist nicht gleich dirty. Während Harry dirty ist, weil er bei seinen Ermittlungen zu allen, auch illegalen, Mitteln greift, klimpert das Attribut bei Dancing, Diana und Banana auf der erotischen Klaviatur. Dabei ist die oder der Dirty Banana doch eigentlich nichts anderes als die verflüssigte, beschwipste Variante des Bananensplits, das in seiner simpelsten Version aus Banane, Vanilleeis, Schokoladensauce und Schlagsahne besteht.

Der, die, das Dirty Banana ist – natürlich – tropisch, genauer gesagt karibisch, und wurde angeblich Anfang der 1990er Jahre auf Jamaika entdeckt. Der vorgeschlagene Mix stammt freilich wohl kaum aus einer jamaikanischen Strandbar, denn Bananenlikör ist eine wahrlich exotische, will sagen eher seltene Zutat, die man weder mit Negril Beach noch mit Frenchman's Cove in Verbindung bringen, sondern eher in den wohlsortierten Cocktailbars der großen Metropolen vermuten würde. Entsprechend sind die Varianten der Kombination Rum-Banane-Kaffee-Sahne Legion. Schon beim Rum reichen die Meinungen von ganz jung und klar bis extrem gereift und duster respektive dirty. Manche Rezepte bestehen auf überreifen, dreckig schwarzen Bananen, für mehr Aroma, während andere sie vor Gebrauch einfrieren. Milch, Mandel-, Kokosmilch oder -creme werden mit der Sahne kombiniert oder ersetzen sie. Schokoladenlikör und -sirup, Whiskey-, Nuss-, Kokos-, Sahne-, Kakao- oder Vanillelikör sollen mitunter ihren aromatischen Beitrag leisten. Einige Rezepte würzen mit Zimt, Vanille, Muskat oder einer Prise Salz. Und manche geben eine Kugel Karamell-, Nuss- oder Vanilleeis in den Drink. Eines aber haben alle Rezepte, so verschieden sie auch sein mögen, gemein: Sie sorgen zuverlässig für die Anreicherung von Hüftgold, mit dem man nicht nur an jamaikanischen Stränden eine fraglos bessere Figur macht. Dirty!

5 cl Rum, je 2,5 cl Bananen- und Kaffeelikör, 5 cl Sahne, 1 reife Banane, circa 150 g Crushed Ice in einem Blender kräftig durchmixen, in ein Hurricaneglas füllen und mit Banane garnieren. | There's Always Money in the Banana Stand (Rezept: Zac Overman, vor 2016; Buch: Matt Pietrek/Carrie Smith, »Minimalist Tiki«, 2019): 4,5 cl Islay Whisky, 2,25 cl Bananenlikör, 0,75 cl Chartreuse Jaune, 0,375 cl Pimento/Allspice Dram, 1,5 cl Zimtsirup, 3 cl Zitronensaft mit circa 60 g zerstoßenem Eis schütteln, ein Highballglas zu ⅓ mit zerstoßenem Eis füllen, den Mix zugeben, mit zerstoßenem Eis auffüllen. Warnung: There's Always a Monkey in the Banana Stand!

32 El Presidente

Floriditas Kräuterkonter

Constantino Ribalaigua Vert, 1888 in Katalonien geboren, kam um 1900 nach Havanna, wo er in jungen Jahren das Handwerkszeug der Cocktailkunst von seinem Vater lernte. 1914 heuerte er im El Florida an, einer Bar, die seit 1817 La Piña de Plata geheißen hatte, wegen der vielen US-Touristen umbenannt wurde und schließlich als Floridita Weltruhm erlangte. Der Daiquirí war der Verkaufsschlager der Bar, und mitunter galt das Floridita als seine Wiege. Ribalaigua war berühmt für seine Daiquirí-Variationen, doch er konterte den Zuckerrohrschnaps nicht nur mit Säure, sondern auch mit der Kräuterbittere des Wermuts – David Wondrich schreibt ihm die Erfindung des El Presidente um 1915 zu. Präsident damals: der konservative Zuckerbaron Mario García Menocal. Fernando Castellon, Autor der Enzyklopädie »Le Larousse des Cocktails«, hat in der Kubanischen Nationalbibliothek das älteste Rezept ausgegraben: John B. Escalante beschreibt El Presidente im »Manual del Cantinero«, dem wohl ersten kubanischen Cocktailbuch, bereits 1915.

Escalante rührt zwei Teile »Vermouth de Chambéry«, einen mildkräuterigen, leicht süßen weißen Wermut, einen Teil Rum, einen halben Barlöffel Grenadine, je ein paar Tropfen Curaçao und Angostura Bitters sowie etwas Orangenschale und seiht in ein Longdrinkglas ab. In vielen neueren Rezepten werden Wermut und Rum zu ungefähr gleichen Teilen vorgeschlagen, mitunter wird das Verhältnis sogar umgedreht. Das mag daran liegen, dass das Gros der heutigen Wermuts deutlich kräuterlastiger ausfallen dürfte als der vergleichsweise milde aus Chambéry. Je nach Wermut wird man also ein eigenes Mischungsverhältnis finden müssen. Die meisten zeitgenössischen Rezepte verwenden mehr als ein paar Tropfen Curaçao oder Triple Sec, bleiben aber sparsam bei der Grenadine, die den Geschmack nicht wesentlich beeinflussen soll, sondern primär für den zarten Teint zuständig ist.

Je 4,5 cl weißen Rum und trockenen Wermut, 0,5 cl Triple Sec, 0,25 cl Grenadine, 1 Spritzer Angostura Bitters auf Eis kaltrühren, in eine gekühlte Coupette abseihen und mit Orangenschale kredenzen. | Blinker: 6 cl Rye Whiskey, 3 cl Grapefruitsaft, 1 cl Grenadine (sparsam!) auf Eis schütteln, doppelt in eine gekühlte Coupette abseihen, mit Grapefruitzeste den Blinker setzen.

33 Enzoni

Das italienische Lächeln

Eric Clapton scheint eine Schwäche für Automobile mit Pferdelogo zu haben. Beatle George Harrison soll ihn einst mit einem 365 GT angefixt haben, und seither wuchs Claptons italienisch geprägter Fuhrpark immer weiter, mit dem SP12 EC ließ der Gitarrist sich gar einen Ferrari maßschneidern. 2002 kaufte Clapton einen »Enzo«, ein exklusives Modell, von dem nur 399 Exemplare für erlesene Kunden der Edelboutique hergestellt wurden, und begab sich nach Maranello, um den »Supersportwagen« höchstpersönlich in die Heimat zu überführen. In Frankreich wurde »Slowhand« zum Bleifuß und angeblich mit Tempo 233 auf der Landstraße geblitzt – sehr langsam, denn der »Enzo« soll in der Spitze 355 Stundenkilometer auf den Asphalt bringen.

Bartender Vincenzo Errico ging 1999 von Neapel nach London, wo er bei Dick Bradsell seine mixologischen Kunstfertigkeiten verfeinerte. Als Sasha Petraske in der britischen Metropole einen Ableger seiner Bar Milk & Honey eröffnete, nahm er Errico mit nach New York und unter seine Fittiche. 2003 kreierte der Italiener dort den Enzoni, einen Zwitter aus Gin Sour und Negroni (siehe Nummer 66), mit rotem Bitterlikör und hellen Weintrauben aus seiner Heimat sowie englischem Wacholder. In seinem Vornamen ist »Enzo« bereits enthalten, zugleich dürfte der ebenso seltene wie begehrte Ferrari an der Namengebung für den Cocktail nicht unbeteiligt gewesen sein.

Ausgehend vom Negroni, zieht der Enzoni den Wermut ab und fügt, vom Gin Sour aus gesehen, Säure und Süße hinzu. Der Clou sind freilich die Weintrauben, die ein durch und durch italienisches Lächeln ins Glas zaubern. Auch wenn der Bitterlikör aromatisch dominant bleibt, unterlegen ihn die Trauben mit charmanten Fruchtnoten und nehmen ihm die Spitzen. Mit ein, zwei Trauben mehr soll der Enzoni übrigens notorisch dazu neigen, jedes vorgesehene Trinktempo deutlich zu überschreiten …

Circa 6 helle Weintrauben im Shaker zerstoßen, mit je 3 cl Gin und italienischem roten Bitterlikör (Campari), 2 cl Zitronensaft und 1,5 cl Zuckersirup (2:1) auf Eis schütteln, doppelt in einen Tumbler mit einem großen Eiswürfel abseihen und mit dunklen Trauben ein italienisches Lächeln ins Glas zaubern. | Red Hook (Vincenzo Errico, 2004, Variation des Manhattan, siehe Nummer 73): 6 cl Rye Whiskey, je 1,5 cl Punt e Mes (Wermut) und Maraschino.

34 Floradora

Das A und O der Musical-Cocktails

Auf der philippinischen Insel Florodora wird aus den Blüten der gleichnamigen Blume das ebenfalls so geheißene Parfüm hergestellt. Eine Dolores wäre die rechtmäßige Erbin des Unternehmens gewesen, hätte der skrupellose Geschäftsmann Cyrus W. Gilfain sich die Fabrik nicht unter den Nagel gerissen. Lord Frank Abercoed, der neue Manager, und Dolores verlieben sich auf den ersten Blick, woraufhin sich ein komödiantisches Verwirrspiel entspinnt, in dem der mittellosen Lady Holyrood, Detektiv Anthony Tweedlepunch, Kapitän Arthur Donegal, Gilfains Tochter Angela und ihren Freundinnen, den »Florodora Girls«, zentrale Rollen zukommen. Doch Ende gut, alles gut: Dolores bekommt sowohl ihr Erbe als auch Lord Abercoed, Angela heiratet Kapitän Donegal, der geläuterte Gilfain Lady Holyrood.

Das heiter-beschwingte Lustspiel gehört zu den großen Musical-Erfolgen der Jahrhundertwende, mit 455 Aufführungen von 1899 bis 1901 in London und 552 Vorhängen von 1900 bis 1902 in New York. Nicht unwesentlich zum Erfolg trug das Sextett der »Florodora Girls« bei, überaus bezaubernde junge Damen, die in rosa Kostümen, mit ausladenden Kopfbedeckungen und rüschenbesetzten Sonnenschirmen über die Bühne wirbelten und beide Cocktail-Welthauptstädte, London und New York, im Sturm eroberten.

Ob Jacques Straub, der den Floradora in seinem »Manual of Mixed Drinks« von 1913 als »Cooler« aufführt, uns ein A für ein O vorgemacht oder ob der Vokalwechsel sich anderweitig eingeschlichen hat, kann nicht mehr abschließend ermittelt werden. Wie dem auch sei, schon 1901 berichtet die »New York Evening World«, ein Barkeeper namens Jimmy O'Brien habe den Floradora für die »Florodora«-Darstellerin Susie Drake erfunden. Das A und O beim Floradora sind jedenfalls ein dezent ingwerwürziges Ginger Ale und ein nicht zu süßer Likör, der die zarte, dezente, delikate Bittere der Himbeere einzufangen versteht.

5 cl Gin, je 2,5 cl Himbeerlikör (Crème de Framboise) und Limettensaft auf Eis schütteln, in ein Highballglas mit Eis geben, mit Ginger Ale aufgießen, mit Himbeeren am Spieß adrett anrichten. | Up in Mabel's Room (Broadway-Stück von 1919; Crosby Gaige, »Cocktail Guide And Ladies' Companion«, 1941): 4,5 cl Rye Whiskey, je 2,25 cl Grapefruitsaft und Honigsirup auf Eis schütteln und doppelt in eine gekühlte Coupette abseihen.

35_Fog Cutter

Nebel in Scheiben

Man nehme zwei bis drei Sorten Rum, ungefähr einen Likör, dazu Orgeat oder Falernum plus zwei Säfte – fertig ist der Tiki-Cocktail. Auch beim Fog Cutter ist es im Prinzip nicht anders, nur dass statt des Rum-Blends gleich drei verschiedene Spirituosen von Saft und Orgeat verschleiert werden. Man hat den Fog Cutter deswegen den Long Island Iced Tea der Tiki-Kultur genannt – weil der geeiste Tee, der selbstredend keiner ist und keinen enthält, dem geneigten Trinker mit weltrekordverdächtigen vier Hochprozentern und einem Likör den Hof macht und das Grab schaufelt.

Der Fog Cutter stammt von Victor Bergeron alias Trader Vic, aus seinem »Bartender's Guide«, der allein für Rum-Cocktails 50 Seiten reserviert hat. Er versäumt nicht, den Leser vor seinem Ungeheuer zu warnen: »Fog Cutter, hell. After two of these, you won't even see the stuff.« Sicherlich spielt der Tiki-Meister auf seine Kunst an, beträchtliche Alkoholmengen zu verstecken – in diesem Fall spielen sich enorme sechs Zentiliter Zitronensaft nicht aromatisch auf, sondern stellen sich in den Dienst der Camouflage. Und Trader Vic setzt noch einen drauf: Ab dem Zweiten schmeckt man nicht nur den Alkohol nicht mehr, sondern erblindet auch mindestens kurzfristig.

Während der Long Island Iced Tea sich mit schnöder Cola bescheiden muss, steht der Fog Cutter mit einem Schuss Sherry auf der seriösen Seite. Das spanische Topping sollte dunkel, aromatisch und eher süß sein – Oloroso, Palo cortado oder Pedro Ximénez. Bleibt die Frage des Namens: Fog Cutter, das bedeutet sicherlich nicht, wie Moses das Meer zu teilen, um freie Sicht aufs gegenüberliegende Ufer zu bekommen. Er ist ja nicht dafür da, den Nebel zu lichten, sondern vielmehr zu vernebeln. Fog Cutter könnte heißen: Ab dem dritten ist der Nebel so dick, dass man ihn in Scheiben schneiden kann, um ihn mit nach Hause zu nehmen, ob man will oder nicht.

6 cl weißen Rum, 3 cl Brandy, 1,5 cl Gin, 6 cl Zitronensaft, 3 cl Orangensaft, 1,5 cl Orgeat auf Eis schütteln, doppelt in einen böse dreinschauenden Tiki-Becher abseihen, mit Eis auffüllen, 1,5 cl Sherry (Pedro Ximénez) floaten, in Tiki-Manier garnieren. | Long Island Iced Tea: Je 1,5 cl weißen Rum, Wodka, Gin, Tequila, Triple Sec, Zuckersirup, Zitronen- und Limettensaft auf Eis schütteln, doppelt in ein Collinsglas mit Eis abseihen, mit circa 6 cl Cola auffüllen.

36 French 75

Der Schnellfeuerschäumer

Die »Canon de 75 mm modèle 1897« war ein Meilenstein der Artillerietechnik – raucharmes Pulver, effektivere Munition, schnelleres Laden, exakteres Visier, neuartige Rückstoßdämpfung, größere Reichweite. Die 75-mm-Feldkanone war früheren Modellen in quasi allen Belangen haushoch überlegen und gilt als erstes Schnellfeuergeschütz überhaupt. Knapp 4.000 Canons de 75 setzte die französische Armee im Ersten Weltkrieg ein, zu Beginn des Zweiten Weltkriegs verfügte sie sogar über noch ein paar mehr. Das flinke Geschütz wurde kurz »French 75« genannt, und es gab Feldpostkarten mit der Aufschrift »Unsere glorreichen 75« sowie Abbildungen erstens des schnellfeuernden Manns und zweitens der am heimischen Herd feldpostkartenlesenden Frau.

Schon während der Erste Weltkrieg noch tobte, ist ein Cocktail namens »Soixante Quinze« belegt, aus den 1920er Jahren stammen mehrere Rezepte mit dem Titel »75«, zum einen von Robert Vermeire, der 1922 ein Rezept von Henry Tépé wiedergibt, zum anderen von Harry MacElhone im »ABC of Mixing Cocktails« von 1926. Gemein haben sie Gin, Calvados und Grenadine, während von Champagner keine Rede ist. Der kommt erst 1927 ins Spiel, mit dem Prohibitions-Cocktailbuch »Here's How!« aus der Feder von Judge Jr. alias Norman Hume Anthony, einem Cartoonisten und Humoristen, der inmitten der amerikanischen Trockenzeit zu jedem Drink einen skurrilen Trinkspruch dichtete und den French 75 als den »wirklichen Grund, warum die Alliierten den Krieg gewonnen haben«, pries.

»Trifft mit bemerkenswerter Präzision«, schreibt Harry Craddock über den French 75. Und tatsächlich kann einen die Prickler-Kanone mit der Wacholder-Munition prächtig umhauen. Anders als bei einem sodagewässerten Tom Collins hat der Filler nämlich mindestens zwölf Prozent und neigt zweitens dazu, den Alkoholgehalt zu verschleiern. Also Achtung vor französischen Schnellfeuergeschützen!

3 cl Gin, je 1,5 cl Zitronensaft und Zuckersirup auf Eis schütteln, doppelt in eine gekühlte Coupette abseihen, mit circa 6 cl Brut Champagner auffüllen, vorsichtig umrühren, eine Zitronenzeste über den Rand kringeln. | French 68: Calvados und Brandy statt Gin. French 76: Wodka ersetzt den Gin.

37_French Martini

Liqueur Royale

Der französische Martini taucht Ende der 1980er Jahre in New York auf, allem Anschein nach in einer Bar des gebürtigen Briten Keith McNally. Die Geschichte des Sohns eines Hafenarbeiters und Amateurboxers ist eine Vom-Tellerwäscher-zum-Millionär-Story, wie sie im Buche steht. Schon in jungen Jahren eröffnete er The Odeon, später das Pastis, die Minetta Tavern, das Cafe Luxembourg, das Balthazar, um nur einige Restaurants zu nennen, die Bar Pravda und den Nachtclub Nell's – und wurde zum schillernden Tycoon von Manhattan. Andy Warhol, Robert De Niro, Mick Jagger, Martin Scorsese und Liz Taylor zählten zu den Stammgästen von McNally, der einst selbst auf Bühnen und vor der Kamera gestanden hatte und dessen Leidenschaft das Theater wie das Kino stets geblieben sind.

Der French Martini gehört zu den frühen Neo-Martinis, die nicht aus inhaltlichen, sondern aus formalen Gründen so heißen – nicht wegen dem, was ins Glas kommt, sondern wegen jenem selbst. Aber nicht nur sein Nachname mag irritieren, auch sein Vorname will nicht einleuchten, kann doch keine Zutat glaubhaft versichern, französischer Provenienz zu sein. Der Grund könnte sein, dass die heute vorwiegende Verwendung von Himbeerlikör nicht von Anfang an in Stein gemeißelt war. Im Balthazar wurde er zumindest zeitweise mit Crème de Cassis serviert. Und auch wenn die Himbeere sich durchgesetzt hat: Alle roten bis schwarzen Beeren können in Erwägung gezogen werden. Seinen französischen Akzent verdankt der New Yorker Neo-Martini wohl dem »Chambord Liqueur Royale de France«, der sein Aroma von Himbeeren und Brombeeren, aber auch von Vanille, Honig und Kräutern bezieht.

Ananas verleiht dem frischen Franzosen seine schaumige Textur und einen exotischen Säurekick, während Crème de Framboise samtene Fruchtigkeit beisteuert. Verwendet man Chambord, dann kann man überlegen, die Dosis Ananas etwas zu erhöhen.

5 cl Wodka, 1,5 cl Himbeerlikör, 3,5 cl Ananassaft kräftig auf Eis schütteln, doppelt in ein gekühltes Martiniglas abseihen und mit Himbeeren schmücken. | Breakfast Martini (Salvatore Calabrese, Library Bar, London, 1996): 5 cl Dry Gin, 2 cl Zitronensaft, 1,5 cl Triple Sec, 2 Barlöffel bittere Orangenmarmelade auf Eis schütteln, doppelt in ein gekühltes Martiniglas abseihen, mit Orangenzeste parfümieren und mit einer Ecke goldbraunem Toastbrot verzieren.

38_Frozen Strawberry Daiquirí

Der Mann, der Amerika das Standmixen lehrte

Das Grundmuster des Daiquirí – weißer Rum, Limette und Zucker – kann mannigfach variiert werden. Wie bei der Margarita sind Sorbet-Versionen sehr beliebt, insbesondere mit Erdbeeren, aber erst seit dem voll elektrifizierten 20. Jahrhundert, denn ohne Blender oder Standmixer kein cremiger, sämiger Strawberry Daiquirí.

Fred Waring, ein amerikanischer Unterhaltungskünstler der 1920er bis 1960er Jahre, spielte mit den Pennsylvanians unzählige Hits, Weihnachtslieder und patriotische Hymnen ein – und 1928 »I Scream, You Scream, We All Scream for Ice Cream«, das Jim Jarmusch 1986 für »Down by Law« recycelte. Ab 1947 organisierte Waring »Choral Workshops«, in denen er die Kunst des Chorgesangs enthusiastisch vermittelte, weswegen er als »The Man Who Taught America How to Sing« in die Geschichte einging.

Fred Osius verbesserte 1935 den 15 Jahre zuvor erfundenen Getränkemixer deutlich. Da er nicht über das nötige Kleingeld verfügte, um in die Serienproduktion zu gehen, wandte er sich an Waring, um ihn als Financier zu gewinnen. Der Entertainer war begeistert, denn ein guter Mix bekommt bekanntlich nicht nur Cocktails, sondern auch Songs, und bald ging der »Waring Blendor« durch die Decke. 1952 fand sich in Mabel Stegners Haushaltslehre »Electric Blender Recipes« ein Rezept für einen Erdbeer-Daiquirí, und 1962 veröffentlichte Waring die Schallplatte »The Waring Blend«.

Die Konsistenz ist der springende Punkt bei einem Frozen Strawberry Daiquirí: Ein besserer Mixer ist im Zweifelsfall besser. Komplett durchgefrorene Erdbeeren sind hart wie Stein und sollten kurz angetaut werden. Und weil das alles weniger trivial ist, als man denkt, legt sich so manche Bar eine Slush-Maschine zu, die die meisten aus ihrer Kindheit im Freibad kennen dürften.

5 cl weißen Rum, je 2,5 cl Limettensaft und Erdbeersirup (möglichst alle Zutaten gekühlt), circa 150 g halbgefrorene Erdbeeren im Standmixer sämig pürieren und in einem gefrosteten Margaritaglas mit Erdbeere und Thymian garnieren. | Frozen Mango Margarita: 5 cl Tequila, 2 cl Triple Sec, 1,5 cl Limettensaft, circa 150 g halbgefrorene Mango, circa 50 g zerstoßenes Eis, mixen wie gehabt, Limette als Garnitur.

39_Garibaldi

Auferstanden aus Orangen

Seit dem Niedergang des Römischen Reichs war Italien zersplittert und stand unter der Fuchtel mal dieser, mal jener Mächte aus nah und fern. Nach dem Wiener Kongress 1814/15, der infolge der Niederlage Napoleons Europa neu ordnete, war, grob gesagt, der Süden in der Hand der spanischen Bourbonen, der Norden unter Kontrolle der österreichischen Habsburger – allein das Königreich Piemont-Sardinien war eigenständig. Zwischen 1815 und 1870 kam es zum »Risorgimento«, zur »Wiedererstehung« Italiens. Die drei wichtigsten Protagonisten der Vereinigung Italiens waren Camillo Benso von Cavour, Ministerpräsident Sardiniens, sowie die beiden Anführer der Freiheitskämpfer, Giuseppe Mazzini und Giuseppe Garibaldi. Der tollkühne Garibaldi wurde zum Nationalhelden, als er 1860 auf eigene Faust mit nur rund 1.000 lausig bewaffneten Freischärlern Sizilien eroberte und auf dem Festland bis nach Neapel vorstieß – der entscheidende Schritt zur Einheit Italiens, die 1870 mit der Einnahme Roms ihren Abschluss fand.

Das Zusammenkippen von rotem Bitterlikör und Orangensaft aus Konzentrat, ob aus der Flasche oder dem Tetrapak, darf man gern als »Campari Orange« bezeichnen. Ein richtiger Garibaldi basiert dagegen auf dem Risorgimento von aromatischen Orangen als frisch gepresster Saft, der viel mehr Säure hat als das vorgefertigte Surrogat, weswegen als dritte Zutat ein wenig Zuckersirup für die Befriedung der Säurespitzen und die Harmonisierung des Drinks anzuempfehlen ist. Perfekt ist der Orangensaft, wenn er fluffig aufgemixt wird, ob manuell im Shaker oder maschinell im Mixer. Frischer Orangensaft und bitterer Campari sind ein echtes Traumpaar, wie sonst höchstens Gin und Tonic. So wie das Tonic die Aromen des Gins wie von Zauberhand entfaltet, so hält es auch der Orangensaft mit dem Likör: Seine Säure und Süße katapultieren dessen Bittere in schwindelnde Höhen.

5 cl italienischen roten Bitterlikör (Campari) in ein Longdrinkglas mit zwei großen Eiswürfeln geben, 13 cl Orangensaft (frisch gepresst!) und 0,5 cl braunen Zuckersirup mit zwei großen Eiswürfeln kräftig schütteln, doppelt ins Glas abseihen, mit einem Streifen Orangensschale servieren. | Grapefruit Garibaldi: 6 cl Italicus (Bergamottelikör) und 12 cl Pink-Grapefruit-Saft auf Eis schütteln, doppelt in ein Longdrinkglas mit Eis abseihen.

40 General Harrison's Nogg

Der Apfel fällt weit vom Stamm

Als siebtes Kind und jüngster Sohn von Benjamin Harrison, einem der Gründerväter der Vereinigten Staaten, konnte William Henry Harrison nicht auf ein auskömmliches Erbe hoffen und schlug eine Militärkarriere ein. In der Schlacht von Fallen Timbers machte er sich 1794 einen Namen und wurde in der Schlacht bei Tippecanoe 1811 zum Volkshelden. Nach der Schlacht am Thames River 1813 schied »Old Tippecanoe« aus der Armee aus, ging in die Politik und wurde 1840 zum neunten Präsidenten der Vereinigten Staaten gewählt. Am 4. März 1841 hielt der 68-jährige Harrison im strömenden Eisregen von Washington die längste Antrittsrede der US-Geschichte und verstarb auf den Tag genau einen Monat später an einer Lungenentzündung.

Jerry Thomas schreibt in seinem »Bartenders Guide«, die Mixtur aus Cider, Zucker und Ei sei des Kurzzeitpräsidenten liebstes Getränk gewesen. Cocktail-Historiker David Wondrich ergänzt, Harrison habe die Präsidentschaft errungen, weil er sich im Wahlkampf das volksnahe Image verpasst habe, auf der Veranda eines einfachen Blockhauses gern ein einfaches Glas Cider zu trinken. Dale DeGroff, auch bekannt als »King Cocktail«, hat immer wieder vergessene Rezepturen ausgegraben und zeitgenössisch interpretiert. Er ersetzt den Cider zum Teil durch Calvados und würzt zudem mit Pimento Bitters, der freilich nicht jede Hausbar schmückt – Angostura tut's zur Not auch.

General Harrison's Nogg ist eine aromatische Sensation – dass er vor allem aus Apfelabkömmlingen besteht, würde man kaum vermuten. Vielmehr mundet er ein wenig wie cremiger Kakao und erinnert an winterliche Aromen – also vielleicht doch Bratapfel. Er ist jedenfalls ein gewichtiges Argument, neben all den gefälligen modernen Drinks auch vormoderne Mixturen nicht aus dem Blick zu verlieren. Aber Achtung beim Mixen: nicht dass die Perlage den Shaker zum Explodieren bringt!

4,5 cl Calvados, 6 cl trockenen Cider, 1,5 cl Zuckersirup, 1–2 Spritzer Pimento Bitters (oder Angostura), 1 Ei auf Eis sehr kräftig schütteln, nochmals sehr kräftig ohne Eis schütteln, in eine gekühlte Coupette abseihen, einen Hauch Muskat aufschneien. | Fall from the Tree (Jim Kearns, The Happiest Hour, New York, 2019): 4,5 cl Applejack/Calvados, 3 cl Apfelsaft, 1,5 cl Zimtsirup, 0,75 cl Zitronensaft, 1 Spritzer Angostura Bitters auf Eis schütteln und doppelt in eine gekühlte Coupette abseihen.

41 Gimlet

Besser als jeder Martini!

Nur zwei Zutaten, nichts einfacher als das! Denkste, denn je einfacher Cocktails zu sein scheinen, desto gewiefter versteckt sich der Teufel im Detail. In Raymond Chandlers »Der lange Abschied« erfährt Privatdetektiv Philip Marlowe in einer Bar von Terry Lennox: »Die haben keine Ahnung, wie man das macht. Was die Gimlet nennen, ist nichts als etwas Limette oder Zitrone und Gin mit einer Prise Zucker und einem Schuss Bitters. Ein echter Gimlet besteht zur Hälfte aus Gin und zur Hälfte aus ›Rose's Lime Juice‹ und sonst nichts. Besser als jeder Martini!«

Rose's Lime Juice ist ein Cordial, ein nicht so süßer Sirup. Seit Ende der 1860er Jahre gibt es ihn von »Lauchlan Rose & Company«, und längst auch von anderen Herstellern. Man kann »Lime Juice Cordial« allerdings schneller selbst brauen als besorgen, und zwar von einer Güte, die man für Geld nicht kaufen kann: Die Schale von fünf bis sechs Limetten raspeln, mit je 15 Zentiliter Limettensaft und Wasser sowie 100 Gramm Zucker aufkochen und ein paar Minuten sanft köcheln; die Schale abseihen oder, für noch mehr Limette, erst bei Verwendung. Das resultierende Elixier ist weit weniger süß als Limettensirup und weniger künstlich als käuflicher Cordial, rechtfertigt also das von Chandler ins Spiel gebrachte Verhältnis eins zu eins. Die oft genannte Relation drei Teile Gin, ein Teil Cordial bezieht sich auf Fertigprodukte. Und übrigens: Man kann Gin, Limettensaft und Zuckersirup im Verhältnis 5:3:2 mischen, diesen Gin Sour Gimlet nennen, aber der Charakter des Drinks ist dann entschieden anders – nix Martini!

»Besser als jeder Martini!« – das ist die provokante Pointe der Sentenz aus »The Long Goodbye«. Aber tatsächlich, Terry Lennox hat recht, wenn er Gimlet und Martini als aromatische Konkurrenten in den Blick nimmt. Und wer denn nun die Nase vorn hat, spielt ja, seien wir salomonisch, letztlich gar keine Rolle …

5 cl wacholderstarken, klassischen Gin, 4 cl selbst gemachten Lime Juice Cordial auf Eis schütteln, in eine gefrostete Coupette geben und eine Limettenzeste schwimmen schicken. | The Long Goodbye (Heather Sang, Clyde Common, Portland): 4,5 cl Cynar, 1,5 cl Mezcal, 3 cl Orangensaft, 0,75 cl Limettensaft, 0,75 cl Zuckersirup (2:1) auf Eis schütteln, doppelt in ein Collinsglas mit Eis abseihen, mit circa 3 cl Mineralwasser auffüllen, mit Limettenschnitz schmücken.

42 Gin Basil Smash

Hamburg, deine Perle!

Einen trinkbaren Cocktail ins Glas bekommen ist eine hohe Kunst, und ihr Geheimnis die Komplexität des Einfachen. Sicher, es gibt auch barocke Kompositionen, mit zig geschmacklichen Bei- und Zuträgern, die sich zu übertrumpfen trachten, real aber wechselseitig unkenntlich machen. Das Gros der Klassiker dagegen fokussiert wenige Aromen, die sich elegant ergänzen oder verblüffend widersprechen. Aber die einfachen Kombinationen sind endlich – und müssten doch alle längst aktenkundig sein, oder?

Es muss im Frühling oder Frühsommer 2008 gewesen sein, als sich Jörg Meyer vom Hamburger Le Lion an die Vereinigung von Gin und Basilikum machte – mit eklatanten Folgen für Bars rund um den Globus. Er ersetzte Whiskey und Minze im »Whiskey Smash« durch Gin und Basilikum. Und schickte den Gin Basil Smash, für den er seinerzeit noch mit dem Arbeitstitel »Gin Pesto« liebäugelte, umgehend über seinen »Bitters Blog« in den digitalen Äther. Auch wenn Hariolf Sproll von der Ulmer Blaupause nachträglich ebenfalls Patentrechte anmeldete, ist der Gin Basil Smash ein echter Hamburger Jung. Der ebenso einfache wie geniale Schachzug wurde zu der Erfolgsgeschichte der 2010er Jahre und ist zwar immer noch grün hinter den Ohren, aber längst ein absoluter Klassiker.

Anfangs bekamen es bei Meyer sowohl die zerstückelte Zitrone als auch das Basilikum mit dem Stößel zu tun, was allerdings die Justierung der Säure erschwert. Ob eine großzügige Handvoll Blätter oder doch ganze Zweige Basilikum dem Marterwerkzeug sich auszuliefern haben, darüber kann man trefflich streiten, das angestrebte Farbideal ist jedenfalls Chartreuse Verte oder verstrahlte Kiwi. Meyer verwendet den Dutch Dry Gin, vormals Celery Gin, von Rutte – zitruskompetent, kräuteraffin und mentholfrisch. Eiskalt serviert, ist dem Gin Basil Smash ein Podiumsplatz unter den erquickendsten Shortdrinkperlen sicher.

3–5 Zweige Basilikum im Shaker mit einem Muddler zerstoßen. Mit 7 cl Gin, 3 cl Zitronensaft 2 cl Zuckersirup auf viel Eis kräftig schütteln, doppelt in einen gefrosteten Tumbler mit Eis abseihen und mit Basilikum beflügeln. | Whiskey Smash: 6 cl Whiskey (Bourbon oder Rye), je 2,25 cl Zitronensaft und Zuckersirup, circa 8 Blätter Minze auf Eis schütteln, doppelt in einen Tumbler mit Eis abseihen, Minze als Garnitur.

43 Gin Gin Mule

Über kurz oder lang

Ein Longdrink macht noch keinen Sommer, aber was wäre ein Sommer ohne Longdrinks? Wenn die Temperaturen steigen und Dehydrierung droht, dann schäumen die eisgefüllten Gläser über, und die Erquickung lässt nicht lange auf sich warten. Rezepte geben oft einfach an, man solle mit diesem oder jenem »aufgießen«, ohne die Mengen exakt zu beziffern. Manchmal ist nur ein geringfügiger Schuss gemeint, mitunter aber weit über zehn Zentiliter. Wird der Filler geringer dosiert, kommt zumeist ein Highballglas zum Einsatz, für größere Mengen ist ein Collinsglas geeigneter.

Die Glasfrage ist nicht bloß akademischer, sondern durchaus praktischer Natur. Das berühmteste Beispiel: Gin Fizz und Tom Collins bestehen aus den gleichen Zutaten (Gin, Zitrone, Zuckersirup) in ungefähr gleicher Relation (6:3:2), und hüben wie drüben wird mit Soda aufgegossen, der Fizz jedoch sparsamer, der Collins großzügiger – erst wenn die Waage sich zur Seite des Fillers neigt, spricht man von einem Collins.

London Buck (mit Gin), Horse's Neck (zumeist Cognac oder Bourbon), Dark 'n' Stormy (siehe Nummer 30) oder Moscow Mule (Wodka) gehören zu den Durstlöschern, die mit dem milderen Ginger Ale oder dem kräftigeren Ginger Beer aufgefüllt werden. Das Ingwerfeld war also bestellt, doch Audrey Saunders, nicht ganz unschuldig am möglicherweise nicht zufällig minzigen Old Cuban (siehe Nummer 67), war noch nicht zufrieden. Ihr Gin Gin Mule, 2000 in der New Yorker Beacon Bar kreiert, geriet jedoch kürzer – viele Rezepte nominieren drei Teile Gin und zwei Teile Ginger Beer. Allerdings verwendete Saunders selbst gebrautes Ingwerbier, von dem man nicht weiß, wie es sich zu käuflichem verhält. Logisch, dass andere Rezepte ein sommerhitzefestes Verhältnis vorschlagen. Kürzer ist der Gin Gin Mule mojitoesker, länger ein wacholderminziger, ingwerscharfer Moscow Mule. So oder so: Cin cin, Maulesel!

5 cl Gin, 2 cl Limettensaft, 1 cl Zuckersirup, circa 20 Blätter Minze auf Eis schütteln, doppelt in ein Glas mit Eis abseihen, im Highballglas mit weniger, im Collinsglas mit mehr Ginger Beer aufgießen, Minze als Garnitur. | Moscow Mule: 5 cl Wodka, 1,5 cl Limettensaft, 0,5 cl Zuckersirup in einen eiskalten Kupferbecher mit Eis geben, umrühren, mit circa 10 cl Ginger Beer auffüllen, nochmals vorsichtig umrühren und mit Limette und Minze anrichten.

44 Gin Tonic

Beständig ist allein der Wandel

Gin Tonic gehört zu den einfachsten Mischgetränken und ist doch eine Wissenschaft für sich. Die Hauptrolle spielt fraglos die englische Wacholderspirituose. Aber was ist Gin eigentlich? Um es völlig unfachmännisch zu sagen: Gin basiert auf Alkohol, zumeist aus Getreide, in den zwingend Wacholderbeeren gehören, die nach den rechtlichen Vorgaben auch geschmacklich »vorherrschend« sein müssen. Dazu gesellen sich beliebige Aromenspender, die sogenannten Botanicals: Koriandersamen (ingwerwürzig-zitronig), Engelwurz (erdig) und Zitrusfrüchte, zumeist die getrockneten Schalen, fehlen in fast keinem Gin. Ansonsten ist erlaubt, was gefällt: alle erdenklichen Gewürze, Blüten, Kräuter, Wurzeln, Rinden, Samen, Körner, Blätter, Früchte, Gemüse, Tees, Hopfen, Moose, Algen – es gibt nichts, was es nicht gibt. Nach dem Gesagten ist klar: Gin ist die wohl wandlungsfähigste Spirituose überhaupt.

Gins haben also ganz verschiedene Aromenprofile, die man gleichwohl grob benennen kann: Erstens die klassischen London Dry Gins, bei denen der Wacholder pflichtgemäß die erste Geige spielt und sich die Botanicals harmonisch einfügen. Zweitens Wacholdermonster, bei denen die bitteren Beeren sich herrisch aufspielen. Und drittens Gins, bei denen der Wacholder dezent auftritt und anderen Aromen das Rampenlicht überlässt. Einige – oft herausragend gute – gehen in Richtung Obstbrand, andere setzen ganz und gar auf die Zitruskarte (von Bergamotte über Grapefruit bis Mandarine), wieder andere auf florale Aromen, diese Kräuter oder jene Gewürze. Oder auf regionale Botanicals. Oder auf aparte Zutaten wie Trüffel, Weihrauch oder Zuckertang.

All das prägt ganz entscheidend jeden Gin Tonic. Um von der Wahl des Tonic Waters ganz zu schweigen – und erst recht von Garnituren mit Zitrus- und sonstigen Obstspalten, Kräuterzweigen oder was einem sonst noch in den Sinn kommen mag.

Circa 6 cl Gin in ein Weinglas mit Eis geben und mit circa 14 cl Tonic Water aufgießen. Auf der Suche nach dem Gin des Lebens? »111 Gins, die man getrunken haben muss« aus der Emons-Wacholderschmiede spricht 112 Empfehlungen aus. | Italicus Tonic: Circa 6 cl Italicus (Bergamottelikör) in ein Weinglas mit Eis geben und mit circa 12 cl Tonic Water aufgießen.

45 Grappa Espresso Martini

Wake me up, then fuck me up!

Der Martini ist der berühmteste Cocktail. Sicher auch, weil ihn ein gewisser Geheimagent notorisch »schütteln, nicht rühren« lässt. Es gibt unendlich viele Proportionen, vom Reverse Martini mit Zweidrittelmehrheit für den Wermut bis zur zigfachen Übermacht des Wacholders. Und natürlich ungezählte Varianten, Filiationen und Verhunzungen. Aber es gibt auch »Martinis«, bei denen man ein wenig braucht, um darauf zu kommen, warum sie so geschimpft werden.

Dick Bradsell soll den Espresso Martini erstmals in London Mitte der 1980er Jahre gemixt haben, als ein Model nicht ohne, sondern mit einem Namen, freilich unbekannt, die Bestellung abgegeben haben soll: »Wake me up, then fuck me up!« Bradsell mixte Wodka, Espresso, Kaffeeliköre (Kahlúa und Tia Maria) und Zuckersirup. Und siehe da: Aufgeweckt! Umgehauen!

Die 1980er Jahre: Neonblau war die Farbe, Martinis der letzte Schrei. Fest steht, dass es verrückt gewesen wäre, einem Model jener Tage den Wodka-Espresso nicht im v-förmigen Glas zu kredenzen. Heute darf man freilich bedenkenlos zu Coupette oder Likörglas greifen. Möglicherweise wurden Wodka und Espresso also zum Martini wegen dem Glas, nicht wegen dem Shortdrink. Andere Martinis, die streng genommen keine sind, folgten, vom French Martini – Wodka, Himbeere, Ananas – über den Breakfast Martini – Gin, Triple Sec, Bitterorange – und den Appletini – Wodka, Apfel, Limette – bis zum Porn Star Martini – Wodka, Passionsfrucht, Vanille, Champagner (siehe Nummern 37, 7, 79).

Aber zurück zum italienischen Kaffeekurzen: Was läge näher, als den Platzhalter Wodka durch den natürlichen Begleiter Grappa zu konkretisieren? Nichts, um es unmissverständlich zu sagen! Der Espresso kommt brandheiß in den Mixer, um Gletschereis zu lösen, der Shake darf unter kräftigem Einsatz der Muskulatur statthaben, dann wird die Crema so schaumi, wie sich's gehört – und schon ist man hellwach.

4,5 cl Grappa, 3 cl heißen Espresso, 2 cl Kaffeelikör, 0,5 cl braunen Zuckersirup und ½ Prise Salz auf Eis energisch schütteln, doppelt in eine gekühlte Coupette abseihen, 3 Espressobohnen floaten. | Irish Coffee: 2 TL Zucker in einem hitzebeständigen Irish-Coffee-Glas über offener Flamme karamellisieren, 4 cl Irish Whiskey dazugeben und erhitzen, mit circa 6 cl heißem Kaffee aufgießen, circa 4 cl halbsteif geschlagene Sahne obenauf geben, mit Kaffeebohnen krönen.

46 Harvey Wallbanger

Schraubenzieher mit Vanille

Auf die Idee, Wodka mit Orangensaft zu mischen, muss man erst mal kommen. Spaß beiseite, wer es hinbekommt, beides unfallfrei ins selbe Glas zu schütten, würde wahrscheinlich bar aller Eitelkeit von Wodka-O sprechen, allerdings hat der simple Mix auch einen amtlichen Namen: Screwdriver – gerüchteweise, weil man dafür den Shaker nicht dreckig machen, sondern nach Heimwerkerart nur flugs mit dem Schraubenzieher umrühren muss.

Aus dem Screwdriver wird ein Harvey Wallbanger durch die zusätzliche Gabe von Galliano. Arturo Vaccari aus Livorno hat den Likör 1896 erfunden und Oberstleutnant Giuseppe Galliano, der am 1. März jenes Jahres im Italienisch-Äthiopischen Krieg in der Schlacht von Adua gefallen war, gewidmet. Nach einer wechselvollen Geschichte, auch was die Rezeptur betraf, kaufte der niederländische Likörgigant Bols 2006 die Marke, nahm bald den »Galliano Smooth Vanilla« vom Markt und ersetzte ihn durch »Galliano L'Autentico«, der, wie der Name schon sagt, wieder näher am einstigen Original sein sollte: mit mehr Alkohol und Kräutern, aber weniger Vanille. Es dauerte allerdings nicht lange, bis Bols zurückruderte und neben dem Autentico den »Galliano Vanilla« ins Angebot nahm, sicherlich wegen der Nachfrage. Ob man nun den Kräuter- oder den Vanille-Galliano bevorzugt, ist, wie sagt man so schön, Geschmackssache.

Harvey Wallbanger ist ein Kind der knalligen 70er Jahre. Ende der 60er Jahre sollte der Galliano durch eine Marketingkampagne in den Vereinigten Staaten bekannt gemacht werden, und zu diesem Behufe erfand die Werbeagentur eine Comicfigur, einen fallschirmspringenden Mönch mit riesigen Sandalen. Attraktiver erscheint freilich die Legende, Harvey Wallbanger sei ein kalifornischer Surfer, der, nach einem Drink zu viel, die nächstbeste Wand mit seinem Kopf malträtiert habe. Ob Vanille oder Kräuter, liebe Kinder: bitte nicht nachmachen!

4,5 cl Wodka, 9 cl Orangensaft kurz auf Eis schütteln, doppelt in ein Collinsglas mit Eis abseihen, 2 cl Galliano floaten und mit Orange und Kirsche arrangieren. | Screwdriver: Wodka und Orangensaft im Verhältnis 1:3 bis 2:3. Sowohl Screwdriver als auch Wallbanger bekommen mehr Pfiff durch einen Barlöffel Zuckersirup und ein paar Spritzer Orange Bitters.

47 Hemingway Special

Mehr Rum!

Der Hemingway Special ist eine Variante des Daiquirí (siehe Nummer 28) und wird auch Papa Doble, El Floridita, Daiquirí No. 3 oder Hemingway Daiquirí genannt. Hemingway, der für alle Cocktails mindestens mitverantwortlich ist, soll im El Floridita, der sagenumwobenen Bar in Havanna, den Daiquirí nicht schlecht gefunden, jedoch eine Version ohne Zucker und mit deutlich mehr Rum geordert haben, weil er Diabetiker war – denn hochprozentige Alkoholika enthalten bekanntlich keinen Zucker und sind noch jeder Diabetes abhold gewesen. Spaß beiseite: Liebe Kinder, macht das nicht zu Hause nach!

Fakt ist, der Hemingway Special kommt ohne Zuckersirup aus, Grapefruit und Limette tragen – zweifelsohne im Sinne nicht nur der Krankenkasse des abenteuerlichen Literaten – viel Vitamin C bei. Aber, oje, Maraschino neigt dazu, am Flaschenhals auszukristallisieren, vor lauter $C_{12}H_{22}O_{11}$. Und Rum – ach, sprechen wir gar nicht davon! Hauptsache, mehr Rum!

Manche Rezepte setzen, aus Angst, Hemingway mit Alkohol unterzuversorgen, phantastische Rum-Quanten im Zehn-Zentiliter-Bereich an und verleihen der Bezeichnung »Papa Doble« damit möglicherweise eine ungeahnte Dimension. Nein, wenn man es ernst meint mit dem gesunden Leben, das jetzt aber endlich gelingen soll, dann muss man Grapefruit und Limette hofieren und Likör und Schnaps in die Schranken weisen. Die sonst nicht immer verlässliche »International Bartenders Association« hat den Hemingway Special in diesem Sinne perfekt kalibriert: moderater Alkohol, nur drei Kurze Rum und ein paar Zerquetschte, Kirschen nämlich, paaren sich mit limettenbegleiteter Grapefruit, die die erste Geige brillant fiedelt. Wie das Daiquirí-Original basiert die Hemingway-Spezialität fraglos auf weißem Rum. Aber, mit Verlaub, mit einem mindestens anständigen goldenen Rum könnte Ernest fast besser leben – auch wenn dann der zitrussilberne Teint dahin ist.

6 cl Rum, 1,5 cl Maraschino, 4 cl Grapefruitsaft, 1,5 cl Limettensaft auf Eis schütteln, doppelt in ein gekühltes Martiniglas abseihen, Kirsche in den V-Ausschnitt. | Green Isaac's Special (Ernest Hemingway, »Inseln im Strom«): 6 cl weißen Rum oder Gin (im Roman werden beide Varianten erwähnt), 12 cl Kokoswasser, 3 cl Limettensaft, 2 Spritzer Angostura Bitters in einem Collinsglas mit Eis verrühren.

48 Hotel Nacional Special

Der Pate in Havanna

Im zweiten Teil der Trilogie »Der Pate« – einer der 111 Filme, die man gesehen haben muss – treffen sich die Oberhäupter einer ganzen Reihe ehrenwerter Familien in Havanna, um ihre »echte Partnerschaft mit der Regierung« zu vertiefen und die groben Linien der Zukunft des organisierten Verbrechens sowohl in den Staaten als auch auf Kuba zu besprechen. Als Anlass dient der 67. Geburtstag von Hyman Roth, dem Widersacher Michael Corleones – Letzterer weiß längst, dass Ersterer hinter dem vorangegangenen Attentat auf ihn und seine Frau steht. In den Revolutionswirren des Silvesterabends 1958 misslingt der Rachemord an Roth noch, später in Miami nicht mehr.

Ein Treffen der Mafiapaten von Cosa und Kosher Nostra in Havanna hat es tatsächlich gegeben, allerdings zwölf Jahre früher und nicht im Hotel Capri La Habana, sondern im Hotel Nacional de Cuba. Lucky Luciano, mit dem Michael Corleone nur einige biografische Details gemein hat, und Meyer Lansky, der für Hyman Roth Pate stand und Anteile sowohl am Capri als auch am Nacional hielt, hatten eingeladen, und die Bosse aus New York, Chicago und Las Vegas erschienen zahlreich. Für die Abendunterhaltung sorgte Frank Sinatra.

Der Hotel Nacional Special ist ein Daiquirí-Abkömmling, wurde zur oder nach der Eröffnung des legendären Hotels kreiert und zum Signature Drink des Prachtbaus an der Bucht von San Lázaro in Havanna. Die herrliche Säure von frischer Ananas und Limette, die Bittermandelaromen des Apricot Brandy und guter gereifter Rum übernehmen abwechselnd die Führung und neigen sich mal zu dieser, mal zu jener Seite. Anzuraten ist ein Rum von rustikalem, wuchtigem Charakter, der sich gegen die flankierenden Aromen durchzusetzen weiß. Nat King Cole und Josephine Baker, Jean-Paul Sartre und Marlene Dietrich sowie »Pate« Marlon Brando weilten im Nacional, das seit 1992 wieder Gäste empfängt.

4,5 cl braunen Rum, 0,75 cl Apricot Brandy, 2 cl Ananassaft, 1,5 cl Limettensaft, 0,5 cl braunen Zuckersirup, 1 Spritzer Angostura Bitters auf Eis schütteln, in eine gekühlte Coupette abseihen, mit Limette legalisieren. | Psycho Killer (Jillian Vose, The Dead Rabbit, New York): 2 EL Cocoa Nibs (zerkleinerte Kakaobohnen) in eine Flasche Campari geben und über Nacht ziehen lassen. 6 cl Irish Whiskey, 2,25 cl Cocoa-Campari, je 1,5 cl Crème de Cacao (weiß/klar) und Bananenlikör, 2 Spritzer Absinth kaltrühren und in ein gekühltes Likörglas abseihen.

49 Hundred Year Old Cigar

Zurück aus der Zukunft

Die New Yorker Jupiter Disco ist eine Bar im Retro-Science-Fiction-Look und zugleich extraterrestrischer Tanzschuppen mit DJ-Kanzel. Über Bildschirme flimmert im Commodore-64-Design die Cocktailkarte der Sci-Fi-Bar, und unter Neonlicht schmücken Radioempfänger, Tonbandmaschinen, Röhrenfernseher und Atari-Konsolen aus allerlei fernen und ferneren Jahrzehnten das Interieur. Pate standen offensichtlich die dystopisch-apokalyptischen Science-Fiction-Romane und -Filme der zweiten Hälfte des 20. Jahrhunderts von »Alien« bis »Dune«, von »Blade Runner« bis »Mad Max« – und der Grundriss der Mos-Eisley-Cantina auf dem Wüstenplaneten Tatooine aus »Star Wars« ziert die Wand.

In der Literatur taucht der Hundred Year Old Cigar erstmals 2016, in »The Brooklyn Bartender« von Casey Jones, auf. Er stammt von Maksym Pazuniak, der die Jupiter Disco in Bushwick, Brooklyn, mit Al Sotack gründete und betreibt. Es ist ein postmoderner Treppenwitz der Geschichte und der vielleicht beste mixologische Beweis für die Gleichzeitigkeit des Ungleichzeitigen, dass die 100 Jahre alte Zigarre ausgerechnet in der popkulturellen Endzeitbar angezündet wurde. Denn der Drink mutet mindestens 100 Jahre alt an, das Kaminzimmer eines Gentlemen's Club und Daguerreotypien von vollbärtigen Männern in Dreiteilern tauchen unwillkürlich vor dem inneren Auge auf.

Alle Zigarrenzutaten, bis auf den gnädigen Cynar, sind hochalkoholisch und bilden ein aromatisches Konzentrat, dass es im Kamin nur so knistert. Der Absinth ölt das Glas mit kecker Frische ein, dunkelaromatischer Rum bringt Tiefe, der Islay Whisky – von Ardbeg über Kilchoman bis Laphroaig – heftige Rauch- und Torfnoten ins Spiel, der Artischockenlikör Cynar und das 27-Kräuter-Konzentrat Bénédictine tragen das Ihre zur geschmacklichen Hyperverdichtung bei. Zurück in der Vergangenheit – in den glorreichen alten Tagen des Zigarrenrauchs!

Ein gekühltes Likörglas mit 0,5 cl Absinth benetzen, 5 cl dunklen Rum, 0,75 cl Islay Whisky, je 1,5 cl italienischen Bitterlikör (Cynar) und französischen Kräuterlikör (Bénédictine), 1 Spritzer Angostura Bitters auf Eis kaltrühren und ins Glas abseihen. | Albra (Alex Straus, Grandpa Johnson's, Los Angeles): 4,5 cl Wodka, je 1,5 cl Cynar und Minzsirup, 3 cl Zitronensaft auf Eis schütteln, doppelt in ein Collinsglas mit Eis abseihen, mit 4–5 cl Tonic Water aufgießen, mit Minze garnieren (Minzsirup: 20 cl 2:1-Zuckersirup mit einer großen Handvoll Minze erwärmen und kurz auf milder Hitze simmern lassen).

50 Jack Rose

Lt. Charles Becker killt Herman »Beansie« Rosenthal

Die Legenden um den Namen Jack Rose sind Legion. Mal soll er auf die rosa Rose »Général Jacqueminot« zurückgehen, mal auf die Zigarrenmarke Jack Rose, mal auf einen Barbesitzer namens Frank J. May, besser bekannt als Jack Rose, mal auf den Applejack-Brenner Jack Laird, dessen Familie das Colt's Neck Inn in New Jersey betrieb.

Am spannendsten sind freilich Geschichten, die sich um das organisierte Verbrechen ranken: Herman Rosenthal, Betreiber illegaler Casinos in New York, wurde von Leutnant Charles Becker, Leiter der Anti-Glücksspiel-Einheit des NYPD, um immense Schutzgelder erleichtert. »Beansie« Rosenthal brach die Regeln des Big Apple und plauderte mit der Presse in Gestalt der »New York World« über den korrupten Staatsdiener. Prompt wurde Rosenthal des Nachts durch eine Gang von der Lower East Side unschädlich gemacht. Doch die Sache flog auf, ein riesiger Skandal hielt New York in Atem, und Becker sowie vier Komplizen wurden in einem spektakulären Prozess zum Tode verurteilt, nicht zuletzt wegen der Aussage von Jack Rose, seines Zeichens Spieler, Kleinkrimineller und Polizeiinformant, dessen Lieblingsgetränk ganz zufällig ein Mix aus Applejack, Zitrone und Grenadine gewesen sein soll.

David A. Embury führt in »The Fine Art of Mixing Drinks« (1948) sechs Basis-Drinks auf: neben Daiquirí, Manhattan, Martini, Old Fashioned und Sidecar (siehe Nummern 28, 73, 58, 68, 90) auch den Jack Rose, mit den drei genannten Zutaten im Verhältnis 8:2:1. In der ältesten Rezeptur, aus der Feder von Jacob Grohusko von 1908, ersetzt Himbeersirup die Grenadine, und Orange tritt zur Zitrone. Simon Diffords moderne Interpretation, in der Limette, Himbeere und Granatapfel in kleinen Dosen sowie ein paar Tropfen Orange Bitters große Wirkungen entfalten und Eiweiß für herrlichen Schaum sorgt, ist brillant. Schlotziger Apfel an Granatapfel-Himbeer-Sorbet – unwiderstehlich!

5 cl Applejack (oder Calvados), 1,5 cl Zitronensaft, je 0,75 cl Limettensaft und Zuckersirup, je 0,25 cl Grenadine und Himbeersirup, 1 Spritzer Orange Bitters, ¼ Eiweiß kräftig auf Eis schütteln, abseihen, nochmals kräftig ohne Eis schütteln, in eine gekühlte Coupette abseihen, mit gesäuertem Apfelfächer kredenzen. | Applejack Sour: 6 cl Applejack, 2 cl Zitronensaft, je 1,5 cl Orangensaft und Ahornsirup, 2 Spritzer Angostura Bitters auf Eis schütteln, doppelt in ein gekühltes Likörglas abseihen und einen Hauch Muskat aufschneien.

51_Jungle Bird

Die italienisch-malaysische Tiki-Avantgarde

Am 6. Juli 1973 war es so weit. Sogar Premierminister Tun Abdul Razak gab sich die Ehre, um der glanzvollen Feier noch mehr Strahlkraft zu verleihen. Anlass war die Eröffnung des ersten Fünf-Sterne-Hotels in Malaysia – des Hilton in Kuala Lumpur. Barchef Jeffrey Ong war vom deutschen Gastronomieleiter Reinhard Steffen beauftragt worden, nicht nur die Cocktailkarte mit Leben zu füllen, sondern auch einen Begrüßungsdrink zu kreieren. Ongs Tiki mit italienischem Zungenschlag wurde nicht von ungefähr Jungle Bird getauft. Die Bar des nigelnagelneuen Hilton hieß nämlich Aviary, also Voliere, weil man aus ihrem Panoramafenster freie Sicht auf eine ebensolche hatte, in der sich allerlei flugtaugliches, quietschbuntes Dschungelfedervieh tummelte.

Der Jungle Bird taucht schriftlich erstmals in John J. Poisters »The New American Bartender's Guide« von 1989 auf, wo er fälschlicherweise auf das Jahr 1978 datiert wird – Jeffrey Ong war jedoch bereits 1975 in seine Heimat, die Insel Penang, zurückgekehrt. Noch in der Neuauflage des »Bartender's Guide« von 2002 gibt Poister opulente zwölf Zentiliter Ananassaft an, was wohl tatsächlich gängige Praxis war und erklärt, warum Bedienstete des Hilton noch heute sagen, den Drink damals arg süß gefunden zu haben.

Ongs Geniestreich, einen Tiki-Drink mit Campari zu kombinieren, war seinerzeit durchaus avantgardistisch. Es merkte nur kaum jemand, denn die Tiki-Welle war längst abgeebbt. Für die Wiederentdeckung des Jungle Bird sorgte Jeff Berry 2002 mit seinem Buch »Intoxica«. Während im Hilton einfach dunkler Rum verwendet wurde, schlug Berry jamaikanischen vor, unterdessen der puertoricanische Barkeeper Giuseppe González »Black Strap« bevorzugt, den dunkelsten aller Rums. Wie dem auch sei, der Clou ist die Kombination von aromatischem Rum und Ananas mit der Bittere von Campari – damals ein Novum, heute durchaus keine Seltenheit.

4,5 cl jamaikanischen dunklen Rum, 2 cl italienischen roten Bitterlikör (Campari), 4,5 cl Ananassaft, je 1,5 cl Limettensaft und braunen Zuckersirup auf Eis schütteln, in ein Tiki-Glas mit zerstoßenem Eis abseihen, mit zerstoßenem Eis auffüllen, mit Ananas tikitastisch dekorieren. | Yellow Bird: 3 cl weißen Rum, je 1,5 cl Galliano Vanilla, Triple Sec und Limettensaft auf Eis schütteln, doppelt in ein Martiniglas abseihen und mit Orangenschnitz und Maraschinokirsche garnieren.

52 Kir Royal

Zum Wohle des Volkes

Wege zum Ruhm: Eine offenherzige Blondine, ein Prominentenzahnarzt und Generaldirektor Haffenloher, der europaweit größte Produzent von Haushalts- und Industrieklebern, jagen Baby Schimmerlos. Ihr aller Ziel: die Klatschspalten der »Münchner Allgemeinen Tageszeitung«. Am Ende bekommen sie ihre 15 Zeilen Ruhm, doch bis dahin fließen Unmengen Crème de Cassis und Champagner die Isar hinab. In der ersten Szene der ersten Folge der grandiosen Fernsehserie über die Münchener Schickeria von Helmut Dietl aus dem Jahr 1986 lernt man den Starreporter beim Champagner- oder, genauer gesagt, Kir-Royal-Frühstück kennen. Und auch im Folgenden gibt es kaum eine Einstellung, in der der Cassis-Prickler nicht im Bilde wäre. Heinrich Haffenloher, grandios gespielt von Mario Adorf, zahlt die Zeche und erpresst den Ruhm von Schimmerlos, nicht minder grandios dargestellt von Franz Xaver Kroetz, mit den legendären Worten: »Ich schieb et dir vorne und hinten rein. Ich scheiß dich so was von zu mit meinem Geld, dass du keine ruhige Minute mehr hast!«

Der Kir Royal heißt nach Félix Kir (1876–1968), dem charismatischen Domherrn von Notre-Dame de Dijon, unerschrockenen Widerstandskämpfer im Zweiten Weltkrieg und Oberbürgermeister von Dijon. Er soll eine Vorliebe für das »Blanc-Cassis« genannte Getränk gehabt und es überregional bekannt gemacht haben, die Mixtur stammt freilich aus der Zeit um 1900, als sie im Café George zu Dijon ausgeschenkt worden sein soll. Allerdings war der kongeniale Partner des Cassis anfangs nicht Champagner, sondern der Weißwein Aligoté aus dem Burgund, der die nötige Säure mitbringt. Er heißt dann einfach Kir, das Sonderlob Royal steht ihm nur mit Champagner zu. Wie Baby Schimmerlos war Tausendsassa Félix Kir übrigens auch Journalist, allerdings kein Klatschreporter, sondern im Dienste der katholischen Zeitschrift »Le Bien du Peuple« – »Das Wohl des Volkes«.

1,5 cl schwarzen Johannisbeerlikör (Crème de Cassis) in ein Champagnerglas geben, mit circa 11,5 cl gekühltem Brut Champagner auffüllen. | Kir Breton: Cidre statt Champagner. Kir Blackberry: Crème de Mûres (Brombeerlikör) statt Crème de Cassis.

53 La Perla

Birne zwischen Martini und Margarita

Es gibt Kombinationen, die liest man flott schwarz auf weiß und weiß im Nu: funktioniert formidabel! Geht gar nicht anders. Leuchtet frappierend ein. Dass La Perla scheitern könnte, liegt jenseits der Vorstellungskraft. Muss man also gar nicht ausprobieren. Nicht ausprobieren? Moment! Was hat man vom besten Cocktail, wenn er trockene Theorie bleibt? Bemühen wir also den beliebten Gemeinspruch »Das mag in der Theorie richtig sein, taugt aber nicht für die Praxis«, über den sich schon Immanuel Kant vortrefflich auszulassen wusste. Säen wir Zweifel, um doch in den Genuss des zweifelsohne brillanten Triptychons zu kommen.

Jacques Bezuidenhout, ein Südafrikaner, der über London nach San Francisco gefunden und sich um das kalifornische Cocktailwesen verdient gemacht hat, gilt als Schöpfer von La Perla, der sinnlichen Verstrickung von Tequila, Birne und Sherry, die naheliegender nicht sein könnte und bei der man sich verwundert die Äuglein reibt, warum sie angeblich erst 2005 zur Welt gekommen sein soll.

Bezuidenhout hat für seinen Dreiteiler einen Tequila Reposado im Sinn, mindestens zwei Monate eichenfassgelagert, der nach seinem Trip ins Holz milder und komplexer munden sollte. Allerdings könnte man sich auch einen traditionell hergestellten Mezcal vorstellen, dessen rauchige Noten sich gewiss prächtig machen. Noch wichtiger sind freilich die Komplementäraromen Birne und Sherry: Ideal ist ein Manzanilla, trocken, feinbitter und leicht meersalzig; greift man bei der Birne zu einem industriellen, reichlich süßen Likör, dann bietet sich das Verhältnis 2:2:1 an, hat man dagegen ein kunsthandwerkliches Exemplar in der Vitrine, kann die Lösung auch 1:1:1 lauten. La Perla, so die Süße streng in Grenzen gehalten wird, entpuppt sich als formidabler Aperitif mit dem Charakter eines Martinis – wird er zuckriger und likör iger, dann tendiert er zur Birnen-Margarita.

Je 4 cl Tequila und Sherry, 2 cl Birnenlikör auf Eis kaltrühren, in ein Likörglas abseihen, Zitronenzeste als Perlenschmuck. | French Ensemble (Sascha Junkert, 2013): 3,5 cl Williams-Birne, 3 cl Rhum Agricole, 1,25 cl Triple Sec, 2,25 cl Limettensaft, 1 cl Orgeat, 0,5 cl Zuckersirup, 1 Spritzer Absinth auf Eis schütteln, doppelt in eine gekühlte Coupette abseihen.

54 Last Word

Fabelhaftes Schlussgeschnatter

Der 1887 von Sportlern ins Leben gerufene Detroit Athletic Club war schon wieder den Weg alles Irdischen gegangen, als eine Gruppe von Automobilbaronen und Industriekapitänen ihn 1913 wiederbelebte, mitsamt repräsentativem Prachtneubau. Der Vaudeville-Unterhalter Frank Fogarty soll dort um 1920 den Last Word erfunden haben, wie Ted Saucier in seinem reich mit Pin-ups illustrierten Cocktailbuch »Bottoms Up« von 1951 meldet: »Dieser Cocktail wurde hier erstmals vor rund dreißig Jahren von Frank Fogarty vorgestellt, einem sehr berühmten Varietékünstler.« Fogarty soll seine Auftritte bevorzugt mit einem Lied begonnen und mit einer Rezitation abgeschlossen haben – was ein Hinweis auf den Namen des Cocktails sein könnte. Aber – oh weh! – es existiert eine Karte des Detroit Athletic Club aus dem Jahr 1916, auf der ein »Last Word« verzeichnet ist – aus einer Zeit, als Fogarty dort nachweislich noch gar nicht verkehrte.

Wie dem auch sei, nachdem Saucier den Last Word wiederentdeckt hatte, geriet er – O tempora, o mores! – bald wieder in Vergessenheit, bis er im neuen Cocktail-Jahrtausend erneut ausgegraben wurde, diesmal 2003 von Murray Stenson, dem Bartender des Zig Zag Cafes in Seattle. Das letzte Wort verbreitete sich rasant, und nun wurde ihm endlich die Aufmerksamkeit zuteil, die es immer schon verdient hatte.

Der Last Word kann durchaus von sich behaupten, auf der Seite der extraordinären Cocktails zu stehen, auf die man nicht so leicht kommen täte. Die Kombination von Chartreuse, dem grünen Kräuterwunder aus der Großen Kartause, und Maraschino aus der tiefroten Maraska-Kirsche ist in der Theorie den Provinzen der Unwahrscheinlichkeit zuzurechnen, in der Praxis harmonieren die scheinbaren Antagonisten ungemein prächtig. Wie Kirschen und Salbei in einem Risotto. Famous last Words, in diesem Fall jene von Johannes Brahms: »Oh, das schmeckt gut. Danke!«

Je 3 cl Gin, Chartreuse Verte, Maraschino und Limettensaft auf Eis schütteln und doppelt in eine gekühlte Coupette abseihen, mit Maraschinokirsche schmücken. | L'Ultima Parola (David Wondrich): 3 cl Gin, je 2,25 cl Liquore Strega, Maraschino und Limettensaft, mixen wie gehabt.

55 Lillet Wildberry

Lecker Bowle, aber pronto!

Wallis Simpson, wegen der Eduard VIII. 1936, nach nicht einmal einem Jahr auf dem englischen Thron, abdankte, machte den Lillet in royalen Kreisen und der High Society bekannt. Ian Fleming ließ James Bond in »Casino Royale« (1953) eine Art Martini bestellen, mit Gin, Wodka und Lillet Kina, eiskalt geschüttelt und mit einer Zitronenscheibe in einem Sektkelch serviert, welchen er nach der Doppelagentin Vesper Lynd »Vesper Martini« taufte.

Die Brüder Paul und Raymond Lillet gründeten 1872 in Podensac, südlich von Bordeaux an der Garonne, ihren Betrieb. Neben dem Handel mit Wein und Spirituosen spezialisierten sie sich auf die Herstellung von Likören und aromatisiertem Wein. Ab 1887 stellten sie »Kina« her, benannt nach der südamerikanischen Chinarinde, der bald als »Tonic Wine« in aller Munde war. Ein Jahrhundert später kaufte der Winzer Bruno Borie »Lillet Frères«, veränderte das Rezept und nannte den Verschnitt aus 85 Prozent Wein und 15 Prozent Likör der Einfachheit halber »Lillet Blanc«. Während der Kina süß und kräuterbitter gewesen war, mundet der Blanc – wie seine Varianten Rouge und Rosé – deutlich leichter und fruchtiger. Hatten die skandalträchtige Gattin des Exkönigs und der Geheimagent im Dienste Ihrer Majestät noch den kräuterwiderborstigen Kina genossen, serviert Hannibal Lecter im Roman »Das Schweigen der Lämmer« (1988) möglicherweise schon den zitrusfreundlichen Blanc – mit einer Orangenschale auf Eis.

Kir Royal, Aperol Spritz, Hugo – das sind allesamt Mixe, die kaum Aufwand machen und extrem schnell beim Gast sind. Und sie munden einem breiten Publikum, dessen Interesse und Begeisterung für komplexe Cocktails mit Trinkwiderstand sich in Grenzen hält, zudem prächtig. Aktuell erfreut sich der Lillet Wildberry größter Beliebtheit. Und es gibt wahrlich Schlimmeres als die Ruckzuck-Bowle auf Lillet-Basis …

6 cl Lillet Blanc, 10 cl Wildberry-Limonade, gefrorene Beerenfrüchte in ein Weinglas mit Eiswürfeln geben, vorsichtig umrühren, mit Minze impfen. | Vesper Martini (Ian Fleming): 6 cl Gin, 2 cl Wodka, je 0,5 cl Lillet Blanc und Quinquina (Likörwein mit Chinarinde – als Ersatz für die Chininbittere des Kina) auf Eis schütteln, in ein gekühltes Martiniglas abseihen und mit Zitronenzeste servieren.

56 London Calling

Sherry, Milch und Honig

»Die Eiszeit kommt, die Sonne zoomt heran«, sangen The Clash in ihrem Hit »London Calling«. Und wer weiß, möglicherweise dachte Chris Jepson an diese Zeile, als er 2002 seinen Sherry-getönten Sour taufte. Jepson war seinerzeit Bartender im Londoner Milk & Honey, einem Members-only-Club, der 2020 seine Tore schließen musste. Der London Calling dagegen ist gekommen, um zu bleiben, und längst ein moderner Klassiker der Mixologie.

Sherry glänzte aus unerfindlichen Gründen durch Abwesenheit in den Regalen vieler Cocktailbars und fand erst im neuen Jahrtausend wieder vermehrt Beachtung. Im London Calling spielt er eindeutig die Hauptrolle, und der Drink verändert, je nachdem, welchen Sherry man aus der Vitrine zieht, deutlich seinen Charakter. Jepson griff zu einem feinen Fino, dem leichtesten und frischesten Sherry. Während Finos unter einer Florschicht ohne oxidativen Einfluss reifen, verbringt ein Amontillado den ersten Teil seiner Reife ebenso, den zweiten an der Luft, und ein Oloroso wird so stark aufgespritet, dass sich erst gar keine Florschicht bilden kann. Je mehr oxidativer Ausbau, desto dunkler, intensiver, vielschichtiger gerät ein Sherry. Zu den Sonderformen gehört Pedro Ximénez, ein süßer, vollmundiger, rosinenartiger Sherry, der mit einem Fino aromatisch wenig gemein hat.

Von Fino über Amontillado bis Oloroso oder gar Pedro Ximénez verändert der London Calling sein Gesicht merklich. Verwendet man einen extremen Sherry, kann man durchaus überlegen, einen Teil des Zuckersirups durch Ingwersirup zu ersetzen, der die Dominanz des Sherrys mildert und den Drink harmonisiert. Vorgesehen ist aber freilich Fino – und eine »Navy Strength«, ein hochprozentiger Gin, der den Sherry besser tragen kann. Ein mit nussigen Sherryaromen geimpfter Sour, der so naheliegend ist, dass man sich die Augen reibt, weil er zugleich noch so jung ist.

4,5 cl Gin, 1,5 Sherry (Fino), je 1 cl Zitronensaft und Zuckersirup, 2 Spritzer Orange Bitters auf Eis schütteln, doppelt in ein gekühltes Martiniglas abseihen, mit Orangen- und Zitronenzesten garnieren. | Banana Calling (Cameron Attfield, Dandelyan, London, 2018): 5 cl Gin, 1,5 cl Bananenlikör, 1 cl Sherry (Manzanilla), 2,5 cl Zitronensaft, 1,5 cl Zuckersirup, mixen wie gehabt.

57 Mai Tai

Roa Aé!

Wenn einen zwei aus Holz geschnitzte übergroße Augen anstarren und aus einem noch weiter aufgerissenen Mund die gefletschten Zähne drohen, dann ist man möglicherweise nicht im Taka-Tuka-Land, sondern in einer Tiki-Bar. Während hierzulande der Nierentisch zum Nonplusultra der 1950er Jahre wurde, frönte man in den Vereinigten Staaten pazifischen Genüssen, ob hawaiianischer oder polynesischer Provenienz, die vor allem eins zu sein hatten: exotisch. Im Zentrum der wild zusammengepuzzelten Folklore stand das leibliche Wohl nicht zuletzt in flüssiger Form, und der Mai Tai gehört sicherlich zu den berühmtesten unter den Tiki-Cocktails.

Victor Jules Bergeron (1902–1984), besser bekannt als Trader Vic, darf als Erfinder des Mai Tai gelten, auch wenn sein größter Tiki-Konkurrent, Ernest Raymond Beaumont Gantt (1907–1989) alias Donn Beach, einst behauptete, ihn Jahre vorher kreiert zu haben, was sich allerdings als nicht gerichtsfest erwies. Trader Vic soll den Drink in seinem Restaurant im kalifornischen Oakland 1944 einem befreundeten Paar aus Tahiti serviert haben, das daraufhin ausrief: »Maita'i – Roa Aé!«, was so viel bedeutet wie: »Sehr gut – nicht von dieser Welt!«

Ob nun Vic oder doch Donn den Mai Tai in die Welt gebracht hat, ist nicht nur in historischer, sondern auch in mixologischer Hinsicht nicht ganz unerheblich. Denn während Trader Vic das Grundprinzip des Mai Tai beschreibt – allerdings erst 1972, nachdem er sein Rezept fast drei Jahrzehnte geheim gehalten hatte –, hantiert Donn Beach mit Falernum anstatt Orgeat und würzt mit Absinth und Angostura Bitters. Der Mai Tai wurde konjugiert und dekliniert wie kaum ein zweiter Cocktail – mit Amaretto, Ananas und Apricot Brandy, Grenadine, Maraschino und Kokoslikör –, doch Victor Bergerons Rezept ist und bleibt, mit einem oder mehreren aromatischen Rums hoher Qualität: »Maita'i – Roa Aé!«

6 cl braunen Rum, 1,5 cl Triple Sec, je 0,75 cl Orgeat und Zuckersirup, 3 cl Limettensaft auf Eis schütteln, in einen Tumbler mit Eis geben, mit Limette und Minze adrett anrichten. | Rezept Donn Beach: 7,5 cl aromatischer brauner Rum (Mix verschiedener Sorten), 2 cl Triple Sec, 1,5 cl Falernum, je 3 cl Limetten- und Grapefruitsaft, je 2 Spritzer Absinth und Angostura Bitters, mixen wie gehabt.

58 Martini

Kein Wort über James Bond

Der König der Cocktails, der Primus inter Pares, taucht erstmals in der zweiten Auflage von Harry Johnsons »Bartender Manual« von 1888 auf. Je zwei bis drei Spritzer Sirup und Bitters, ein Spritzer Orangenlikör, je ein halbes Weinglas Old Tom Gin und Wermut werden kaltgerührt, abgeseiht und mit Zitronenschale garniert. Da auch Wermut seinerzeit nicht unbedingt »dry« gewesen sein dürfte, resultiert sicherlich kein Dry Martini, sondern ein bestenfalls feinherber. Die weitere Geschichte des Martini ist die seiner Vereinfachung und der Austreibung aller Süße. Aus dem Martini wird der Dry Martini, und der so selbstverständlich, dass man die Beteuerung »trocken« auch weglassen kann.

Der Martini bezieht seinen Namen von dem 1863 gegründeten Wermut-Hersteller »Martini & Rossi«. Die Marke wurde, wie Tempo für das Taschentuch, Tesa für Klebestreifen oder, um beim Thema zu bleiben, Pernod für Anisée, zum Synonym, allerdings nicht für Wermut, sondern den bekanntesten Drink mit Wermut. Und das als der kleine Koalitionspartner des Gins, besteht die größte Schwierigkeit doch darin, den Wermut in hinreichender Menge abzumessen, aber nicht überhandnehmen zu lassen. Wo die Grenze liegt, welcher Gin und welcher Wermut in Konjunktion treten – das ist dann allerdings Geschmackssache.

Fest steht: Ein Martini muss kalt sein, klirrend kalt. Klassisch wird er zügig kaltgerührt, eine andere Möglichkeit ist der Naked Martini, ganz ohne Eis, für den nicht nur das Glas, sondern auch beide Spirituosen zum Bibbern in den Tiefkühler geschickt werden. Mehr als bloß Garnitur sind die grünen Oliven, selbstredend ohne Füllung und kalt geduscht. Tauscht man sie gegen zwei Silberzwiebeln, wird aus dem Martini ein Gibson. Da heutzutage nur noch Verbote verboten sind, darf man Gin selbstverständlich durch Wodka ersetzen – aber ziemt es sich, dann noch von einem Martini zu sprechen?

6 cl Gin, 1,5 cl trockenen Wermut und 1 Spritzer Orange Bitters auf Eis zügig kaltrühren, in ein gefrostetes Martiniglas abseihen, grüne Oliven nicht vergessen. | Saketini: 4 cl Gin, 3,5 cl Sake, 1 Spritzer Celery Bitters, mixen wie gehabt.

59 Mary Pickford

Kubas Sweetheart

Mary Pickford (1892–1979) war einer der großen Stars des Stummfilms. Kurz nach ihrem 17. Geburtstag gab sie ihr Debüt in »Two Memories«, einem dreiminütigen Kurzdrama, dem unzählige und immer längere Filme folgten. In den 1910er Jahren gehörte sie zu den bekanntesten und erfolgreichsten Schauspielerinnen, doch schon Anfang der 1920er Jahre geriet ihre Karriere mit dem aufkommenden Tonfilm ins Stocken, und 1933 spielte sie ihre letzte Rolle. Mindestens ebenso wichtig wie ihre schauspielerischen Leistungen waren zwei Pioniertaten: 1927 gehörte Pickford zu den 36 Gründungsmitgliedern der » Academy of Motion Picture Arts and Sciences«, die seither die Oscars verleiht. Und bereits 1919 gründete sie – mit David Wark Griffith, Douglas Fairbanks und Charlie Chaplin – United Artists.

Mit Fairbanks, dem ersten Präsidenten der Oscar-Academy, war »America's Sweetheart«, wie Pickford genannt wurde, von 1920 bis 1933 verheiratet – also exakt in den Jahren der Prohibition in den Vereinigten Staaten. Sie galten als das Glamourpaar Hollywoods und waren sicherlich keine Anhänger des noblen Experiments. In den 1920er Jahren reisten sie mit Charlie Chaplin im Handgepäck nach Kuba. Während Pickfords Aufenthalt in Havanna wurde der Legende nach ihr zu Ehren der Cocktail kreiert – wechselweise werden Eddie Woelke, Fred Kaufman und Constantino Ribalaigua Vert als Erfinder und das Hotel Sevilla-Biltmore oder das freilich erst 1930 eröffnete Hotel Nacional de Cuba als Schauplatz genannt.

Wie dem auch sei, im Mary Pickford glänzen Zitrone, Limette und Co. durch Abwesenheit, und das heißt, die Säure muss von der Ananas kommen. Muss! Fertigsaft zwecklos. Ohne die ausgeprägte Säure der frisch verflüssigten goldgelben Matrone mit dem grünen Haupthaar kein Mary Pickford. Denn wer möchte sich schon schuldig machen, indem er die klebrige Süße mit rezeptfremdem Zitrussaft repariert?

4 cl weißen Rum, 3 cl Ananassaft, je 0,5 cl Grenadine und Maraschino auf Eis schütteln, doppelt in eine gekühlte Coupette abseihen, 2 Maraschinokirschen für America's Sweetheart. | Charlie Chaplin: je 3 cl Sloe Gin, Apricot Brandy, Limettensaft auf Eis schütteln (etwas länger, der Drink braucht ein wenig Gletscherwasser), doppelt in eine gekühlte Coupette abseihen.

60 Mint Julep

Das Rennen um die Rosen

Juleps sind älter. Älter als der Begriff und das Phänomen Cocktail. Julep stammt aus dem Persischen und bedeutet so viel wie Rosenwasser. Das Wort scheint sich dann von den Rosen gelöst zu haben und bezeichnete später die Aromatisierung von Wasser mit Pflanzenbestandteilen. Im Fall des Mint Julep mit den Blättern der Pfefferminze, die dem Gletscherwasser von viel Crushed Ice ihre Aromen verleiht und sich herrlich mit leicht süßlichem Bourbon vermählt.

Die Welthauptstadt des Mint Julep ist Louisville im Norden Kentuckys. Dort findet seit 1875 am ersten Samstag im Mai das Kentucky Derby auf dem Churchill Downs Racecourse statt, das neben dem Pegasus World Cup in Florida wichtigste Pferderennen der Vereinigten Staaten. 1938 wurde der Mint Julep das offizielle Getränk des Rennens, das auch – Zufall oder nicht – »The Run for the Roses« genannt wird. Anfangs wurden die Mint Juleps in Gläsern gereicht, die allerdings in hoher Stückzahl entwendet wurden, weswegen seit 1939 Souvenirbecher verwendet werden, auf denen alle Sieger seit 1875 aufgelistet sind. Weit mehr als 100.000 Mint Juleps gehen Jahr für Jahr beim Rennen um die Rosen über den Tresen.

Die Liaison von Bourbon und Minze gehört zu den ältesten Klassikern unter den Mischgetränken überhaupt und ist in der Barszene völlig zu Unrecht mehr oder weniger in Vergessenheit geraten. Das von der »International Bartenders Association« favorisierte Rezept verwendet keinen Sirup, sondern einen Teelöffel Puderzucker und zwei Teelöffel Wasser, die zusammen mit vier Zweigen Minze im Glas zerstoßen werden. Anstatt den Mint Julep im Glas zu bauen und die Minze darin zu lassen, wird sie in unserem Rezept fein ausgesiebt – was sowohl aromatisch als auch trinktechnisch von Vorteil ist. Das Wichtigste: Der Mint Julep verlangt nach viel Eis – eiskalt ist er die minzigste Erfrischung nicht nur in Kentuckys Rosengärten.

7 cl Bourbon, 2 cl Zuckersirup, circa 20 Blätter Minze (ohne Stiele) auf Eis schütteln. In einen mit zerstoßenem Eis gefüllten, gefrosteten Julep-Becher doppelt abseihen, mit Eis auffüllen, Minze einstecken. | Georgia Mint Julep: 5,5 cl Bourbon, 2,5 cl Pfirsichlikör, 1 cl Zuckersirup, 1 Spritzer Angostura Bitters, 10–15 Blätter Minze, mixen wie gehabt.

61 Mojito

Total verminzte Tropenmedizin

Jeder Cocktail, der etwas auf sich hält, beruft sich auf einen Mythos. Im Arsenal der geschichtsträchtigen Storys, die sich im Dunkeln verlieren und die man nicht wissen, sondern nur glauben kann, sind besonders beliebt: Piraten, Freibeuter und Entdecker.

Also: 1585/86 segelte Sir Francis Drake auf Kaperfahrt in die Karibik. Scharmützel mit Spaniern und Portugiesen, Indios und Kariben waren Beruf und Berufung des Freibeuters im Auftrag von Elisabeth I., doch Drake und seine Männer hatten noch andere, mitunter mächtigere Feinde zu fürchten: unsichtbare, aber gnadenlose Krankheitserreger, auf die die europäischen Immunsysteme nicht vorbereitet waren. Gängige Zutaten, um die virulenten Gefahren der tropischen Natur abzuwehren: erstens Minze, die im Ruf stand, Magenbeschwerden zu lindern; zweitens Zuckerrohrschnaps mit seiner desinfizierenden Nebenwirkung. Schmeckt allein nicht, also Zitrus dazu – und natürlich eiskalt verlängern, ist ja ganz schön heiß in der Karibik. Fertig ist der Gesundtrunk! Verlassen sollte man sich darauf allerdings nicht: 1596 starb Drake in Panama an der Ruhr (nein, nicht der Fluss).

Heute wird der Mix aus Rum, Minze und Limette folgerichtig so ziemlich ausschließlich nicht zu medizinischen Zwecken verabreicht, sondern als Erfrischungsgetränk für heiße Sommerabende verschrieben. Man kann den Mojito justieren, wie's beliebt: saurer – ein wenig – oder süßer – aber Achtung! –, kürzer – für den Geschmack – oder länger – für die Erfrischung –, zarter gekräutert oder total verminzt. Tunlichst unterlassen sollte man freilich die Verwendung von Bückwaren-Rum, wie er in Großraumdiscos und anderen fragwürdigen Vergnügungsetablissements als profitabel sich erweist.

Wer den Mojito wirklich erfunden hat, weiß kein Mensch – nur dass es Francis Drake nicht gewesen sein wird, kann man mit an Wahrscheinlichkeit grenzender Sicherheit annehmen.

Circa 20 Blätter Minze leicht andrücken, mit 6 cl weißem Rum, 3 cl Limettensaft, 2 cl Zuckersirup in einem Tumbler umrühren und kurz durchziehen lassen, mit grob zerstoßenem Eis auffüllen, nochmals umrühren, mit circa 5 cl Sodawasser auffüllen, mit Minze und Limette impfen. | Pirate Queen (Jillian Vose, The Dead Rabbit, New York, 2014): Je 3 cl goldenen Rum, Genever und Zitronensaft, 0,5 cl Ingwersaft, 1,5 cl Erdbeersirup, je 0,75 cl Honig- und Zimtsirup, 1 Spritzer Peychaud's Bitters auf Eis schütteln, doppelt in eine gekühlte Coupette abseihen, einen Hauch Muskat aufschneien.

62 Monkey Gland

Der Jungbrunnen

»Jedes Frühjahr verjüngt sich die Natur aufs neue; nicht nur die Pflanzenwelt, sondern in gewißem Grad die Tierwelt (...). Das ist gewiß auch beim Naturmenschen der Fall; der Stubensitzer, der Kulturmensch aber verjüngt sich nicht: ihm blüht des Lebens Mai einmal schwach und dann nicht wieder«, schreibt Ludwig Gelpke, Chefarzt des Kantonsspitals und der »Irrenpflegeanstalt« Basel-Land, 1905 in seiner schmalen Abhandlung »Culturschäden oder die Zunahme von Nerven- und Geisteskrankheiten«.

Was aber tun gegen das »frühzeitige Greisentum«? Serge Voronoff hatte da eine Idee. Der französisch-russische Pionier der Transplantationskunst entnahm in den 1920er Jahren jungen Schimpansen und Pavianen die Hoden und ließ sie älteren Männern zum Zwecke der Revitalisierung zugutekommen. Möglicherweise keine gute Idee, aber immerhin ein glänzendes Geschäftsmodell, denn die Nachfrage war so groß, dass Voronoff zwischenzeitlich ein Affenhaus unterhielt, um dem Nachschub an Junghoden Vorschub zu leisten.

Als Schöpfer des Monkey Gland, nicht der Verjüngungstransplantation, sondern des Cocktails, gelten wechselweise Harry MacElhone, Eigner von Harry's New York Bar, und Frank Meier vom Hôtel Ritz. Wie dem auch sei, in jedem Fall führt die Spur ins Paris der 1920er Jahre, wo auch Voronoff sein Unwesen trieb. MacElhone benennt sich selbst 1927 in »Barflies and Cocktails« als Erfinder und Voronoffs Verjüngungsexperimente als Namengeber. Der fruchtige Mix mit dem kecken Tropfen Absinth ist aber auch wirklich ein Jungborn sondergleichen – und garantiert durch und durch vegetarisch. In so mancher Bar soll er Gerüchten zufolge begleitet von dem möglicherweise chauvinistisch angehauchten Spruch »Mädchen trinken Cosmopolitan, Frauen Monkey Gland« kredenzt werden – ganz nach der Art älterer Primaten, will sagen Silberrücken, die dringend mal in einem Jungbrunnen zu baden hätten.

Je 4,5 cl Gin und Orangensaft, 0,5 cl Grenadine, 2 Spritzer Absinth auf Eis schütteln, doppelt in eine gekühlte Coupette abseihen, eine Orangenzeste überlappen lassen (oder den Absinth nicht in den Shaker geben, sondern das gekühlte Glas damit benetzen). | Monkey Business (Sasha Petraske): 4,5 cl Gin, 2,5 cl Bananenlikör, je 1 cl Runny Honey und Zitronensaft, 0,5 cl Limettensaft, 1 Spritzer Angostura Bitters auf Eis schütteln, doppelt in ein gekühltes Likörglas abseihen.

63 Morning Glory Fizz

Überragend erfrischendes Soufflé

Einen wunderschönen guten Morgen! Gestern wurde es spät? Die Drinks mundeten gar köstlich? Vielleicht sogar zu gut? Und jetzt haben Sie ein Haustier? Einen amtlichen Kater? Dann beginnen wir besser jetzt als gleich mit den Wiederbelebungsmaßnahmen! Aber der Morning Glory Fizz ist mehr als bloß ein brillanter Konter-Cocktail und Kater-Killer. Und man darf ihn gern auch erst nachmittags zu sich nehmen.

Fast anderthalb Jahrhunderte ist der köstliche Erfrischer bereits aktenkundig. Erstmals Erwähnung fand er 1882 in Harry Johnsons zweisprachigem »New and Improved Bartender's Manual or How to Mix Drinks of the Present Style/Practisches, Neues und Verbessertes Handbuch für Barkeeper, Salon- und Hotelbesitzer«. 1884 legten George Winter mit »How to Mix Drinks: A Bartender's Manual« und O. H. Byron mit »The Modern Bartenders' Guide, Or Fancy Drinks and How to Mix Them« nach. Johnson preist den Drink als appetitanregend und nervenberuhigend, Byron als Stärkungsmittel – beide sprechen den weisen Rat aus, ihn zügig zu trinken, sonst gehe die heilsame Wirkung verloren. In einem Detail, einem freilich nicht unerheblichen, unterscheiden sich die drei Rezepturen: Während Winters lediglich Zitrone in den Mix gibt, schlagen Johnson und Byron zusätzlich die gesundheitsförderliche Gabe von Limette vor.

Der Morning Glory Fizz gehört zur eher seltenen Gattung Cocktails, die auf Scotch basieren, der sich glänzend mit ein paar Tropfen Absinth (nicht überdosieren!) verträgt. Unter uns: Rye Whiskey tut's auch. Keine Morgenglorie ohne fest entschlossenen Shake, denn letztlich soll eine solide Schneekoppe auf dem Glas thronen. Sitzt der Schaum im Glas, sollte man idealerweise einen Barlöffel hineinstechen können, ohne dass er zur Seite kippt. Zuletzt vorsichtig Mineralwasser zugießen, sodass sich der Schaum wie eine Soufflé-Krone über den Rand des Glases erhebt. Überragend erfrischend!

6 cl Scotch Whisky, 0,25 cl Absinth, je 1,5 cl Limettensaft, Zitronensaft, Zuckersirup, 1 Eiweiß kräftig auf Eis schütteln, nochmals kräftig ohne Eis schütteln, in ein Highballglas abseihen, mit Mineralwasser auffüllen und mit Zitrone garnieren. | Formosa Fizz (Jeffrey Morgenthaler): 4,5 cl Blanco Tequila, 2,5 cl Zitronensaft, 1,5 cl Himbeersirup, 1 cl Zuckersirup, ½ Eiweiß, circa 5 cl Mineralwasser, mixen wie gehabt, mit Himbeeren garnieren.

64 Mountain Man

Der Baumwollpfirsich

Banana Daiquirí, Strawberry Margarita, Raspberry Mojito – frisches Obst ist gesund. Die frischen Früchtchen bringen Vitamin C in die einschlägigen Dauerbrenner und versprechen »Genuss ohne Reue«. Aber, oje, ist das nicht Selbstbetrug? Denn all das fraglos gesunde Obst verbirgt doch andererseits den Bösewicht Alkohol, der Gerüchten zufolge nicht ganz so gesund sein soll. Natasha David nahm sich des Problems an. Bis 2020 hatte sie das Nitecap auf der New Yorker Lower East Side geführt, musste dann aber aus pandemischen Gründen schließen, ließ den Big Apple hinter sich und setzte sich im grünen Hudson Valley an den Schreibtisch. 2022 erschien »Drink Lightly – A Lighter Take on Serious Cocktails«, mit vielen Mocktails, Spritzes, Fizzes, Highballs, entweder schwach alkoholisch oder gleich ganz ohne. Jedenfalls ebenso gesund wie lecker!

Nicht ohne Grund spricht David von »ernsthaften« Cocktails – kein Quatsch, Hauptsache alkoholreduziert, sondern seriöse Neudeutungen von Klassikern. »Sich auf Klassiker zu verlassen und die eigene Interpretation in eine bereits etablierte Struktur einzubringen«, war schon zuvor ihr Leitfaden gewesen. Ein Paradespiel ist der Mountain Man, eine Variation des Whiskey Sour (siehe Nummer 108) aus dem Jahr 2015, ohne frische Pfirsiche, dafür mit dem leichten, lieblichen Likör aus *Prunus persica*. Der sparsam bemessene Peach Schnapps beherrscht das Geschehen, während Ingwer feine Spitzen setzt. Er ist keineswegs von urbanem New Yorker Charakter, man würde ihn vielmehr tief im Süden der Staaten verorten – auf einer Veranda im Cotton Belt. Aber möglicherweise führt diese Assoziation in die Irre und man müsste sich in Richtung der Rocky Mountains orientieren. Denn vielleicht handelt es sich bei dem Mountain Man um James Adams, den »Mann aus den Bergen«, dem der Mountain Man vor seiner Blockhütte sicherlich prächtig gemundet hätte.

6 cl Bourbon, je 0,75 cl Pfirsichlikör, Ingwer- und Ahornsirup, 2 cl Zitronensaft, ½ Eiweiß kräftig auf Eis schütteln, nochmals kräftig ohne Eis schütteln und doppelt in ein gekühltes Likörglas abseihen. | Artists' Special (Harry MacElhone, »Barflies and Cocktails«, 1927): Je 4 cl Scotch und Sherry (Palo cortado), je 2 cl Zitronensaft und roten Johannisbeersirup auf Eis schütteln, doppelt in eine gekühlte Coupette abseihen und mit roten Johannisbeeren artistisch garnieren.

65 Naked and Famous

Das allerletzte Wort

Das letzte Wort war gesprochen: der Last Word (siehe Nummer 54). Doch ein Wort gibt bekanntlich das andere, und sind der Worte genug gewechselt, folgt gemeinhin auf ein Wort das letzte, und auf das letzte das möglicherweise allerletzte. Das oder was auch immer mag Joaquín Simó, Barkeeper im New Yorker Death & Co., gedacht haben, als er 2011 den Naked and Famous kreierte, der die Glamourwelt der Nackten und Schönen zugleich adoriert und ironisch bricht.

Kein Star ist je ganz nackig, mag er noch so sehr vorgeben, ungeschminkt zu sein. Der Naked and Famous dagegen zieht alle Register: Er ist mild bitter per italienischer Lizenz und deutlich, aber nicht übertrieben kräuterig mit gelbem, nicht grünem Kartäuserlikör. Er hat genug, aber nicht zu viel Likörsüße, und ausdrucksstarke Säure von der Limette. Und last, but not least gibt Simó Mezcal, nicht Tequila, an. Und das sicherlich nicht ohne Hintergedanken, denn Mezcal, wie Simó das wohl meint, steuert zu Bittere und Kräutern, Süße und Säure zusätzlich Rauch bei.

Der Standardreim lautet: Jeder Tequila ist ein Mezcal, aber nicht jeder Mezcal ist ein Tequila. Will sagen: Sowohl das Allgemeine als auch das Besondere resultieren aus Agaven. Tequila stammt aus Jalisco, Mezcal vorwiegend aus Oaxaca. Tequila wird aus der Blauen Agave alias *Agave tequilana* gebrannt, während Mezcal mit einer Vielzahl Agaven per Du ist. Entscheidend aber könnte sein: Während Tequila-Agaven in Öfen gegart werden, verwendet man für Mezcal traditionell Feuergruben oder »Palenques«, in denen die Raucharomen nur so brodeln.

Bittere, Kräuter, Süße, Säure, Rauch: Der Nackte und Berühmte kann alles, und zwar gemäß dem Motto »E pluribus unum« in vollkommener Harmonie. Der gelbe Chartreuse hat das allerletzte Wort, während in den Hintergrund der Bedeutungslosigkeit tritt, ob irgendjemand nackt und berühmt ist, und wenn ja, warum.

Je 2,5 cl Mezcal, Chartreuse Jaune, roten Aperitiflikör (Aperol) und Limettensaft auf Eis schütteln, doppelt in ein gekühltes Likörglas abseihen. | Paper Plane (Sasha Petraske/Sam Ross, Milk & Honey, New York, 2007): Je 3 cl Bourbon, Amaro Nonino (italienischer Kräuterlikör), Aperol, Zitronensaft, mixen wie gehabt, Zitronenzeste anstecken.

66__Negroni

Don Camillo und Scarselli

Die Legende: Graf Camillo Negroni (1868–1934) brachte sein ausschweifendes Lotterleben schon in jungen Jahren in Bedrängnis. Beträchtliche Schulden und ein außereheliches Kind trieben ihn zur Flucht über den Großen Teich, wo er sich im Wilden Westen als Cowboy, Rodeoreiter und Rinderzüchter versuchte, in New York als Glücksspieler, Playboy und Salonlöwe. Vor der drohenden Prohibition floh der trinkfreudige Lebemann zurück nach Europa.

Fosco Scarselli (1898–1963) geriet im Ersten Weltkrieg in österreichische Kriegsgefangenschaft, aus der er 1917 floh und sich nach Florenz durchschlug. Er heuerte im Caffè Casoni in der Via Tornabuoni an, wo der zurückgekehrte Camillo Negroni seinen Americano (siehe Nummer 3) – Campari, Wermut, Soda – einzunehmen pflegte. Eines Tages gelüstete es den Grafen nach etwas Stärkerem. Barkeeper Scarselli ersetzte kurzerhand Soda durch Gin, und das Ergebnis mundete dem Grafen ganz vorzüglich. So gut, dass er fortan stets danach verlangte und seine Familie umgehend die Distilleria Negroni in Treviso gründete und den Mix als Fertiggetränk namens »Antico Negroni« auf den Markt brachte.

Kein Cocktail-Mythos ohne Gegenmythos: Einen Camillo Negroni habe es nie gegeben, behaupteten Hector Andres und Noel Xavier Negroni mit Verweis auf die bis ins 11. Jahrhundert zurückverfolgbare Familiengeschichte. Vielmehr sei der aus Korsika stammende französische General Pascal-Olivier de Negroni (1829–1913) für den Drink verantwortlich, den er 1857 im Senegal kreiert habe.

Ob amerikanisch-toskanischer oder korsisch-senegalesischer Provenienz, der Negroni ist ein Megaklassiker, der simple Mix aus drei Liquiden zu gleichen Teilen einer der größten Geniestreiche der Cocktailgeschichte. Ein perfekt harmonierendes Trio, für das man keinen Barkeeper braucht, und ein Shortdrink, der unter den Sonnen Europas, Amerikas und Afrikas garantiert gleich gut mundet.

Je 3 cl Gin, italienischen roten Bitterlikör (Campari) und roten Wermut in einem Tumbler mit Eis verrühren und mit Orangenzeste beflügeln. | Negroni Sbagliato: je 3 cl Campari, roter Wermut und Prosecco Spumante. Boulevardier: Negroni mit Bourbon statt Gin.

67_Old Cuban

Mojito de luxe

Schon von 1824 bis 1826 und 1852 hatte es kriegerische Auseinandersetzungen gegeben, aber erst nach dem Dritten Britisch-Birmanischen Krieg im Jahr 1885 wurde ganz Birma, das heutige Myanmar, Teil des Britischen Empires. 1871 bereits hatten die Briten in Rangun den Pegu Club gegründet, der 1882 in einen Neubau umzog und spätestens ab dann einer der glanzvollsten Gentlemen's Clubs der weltumspannenden Kolonien war.

Audrey Saunders ist eine Quereinsteigerin, die über Kochkurse und Cocktailseminare zu Dale DeGroff, der ihr Mentor und Förderer wurde, und ab 1999 zu einer ganzen Reihe von Bars und Restaurants in New York fand: Blackbird, Milk & Honey, Beacon, The Tonic, Bemelmans. Dann lernte sie Julie Reiner kennen, und gemeinsam gründeten sie 2005 den Pegu Club, benannt nach dem Hauscocktail des einstigen Kolonialclubs. Das Pegu wurde umgehend das Flaggschiff der New Yorker Cocktail-Renaissance und Audrey Saunders eine der bekanntesten Barkeeperinnen nicht nur des Big Apple, sondern der ganzen großen, weiten Welt der alkoholischen Mischgetränke. Denn wer sonst kann von sich behaupten, gleich zwei Klassiker des neuen Millenniums erfunden zu haben: den Gin Gin Mule (siehe Nummer 43) im Jahr 2000 und den Old Cuban 2002.

Gerüchten zufolge möchten Mojitos, wenn sie einmal groß sind, alte Kubaner werden. Weit davon entfernt, total verminzt zu sein, kommen abgezählte sechs Blätter in den Old Cuban, schaffen es allerdings nicht ins Glas, sondern hauchen im Shaker ihre Pfefferminzfrische aus – nicht um den Drink aromatisch zu dominieren, sondern um die Antipoden Rum und Champagner elegant zu harmonisieren. Saunders verwendet den Bacardi 8 Años, einen aromatischen bernsteinfarbenen Rum, der zugleich für den Namen des Cocktails verantwortlich ist, denn zwar hat Bacardi seinen Sitz auf den Bermudas, wurde allerdings 1862 in Santiago de Cuba gegründet.

2,25 cl Limettensaft, 3 cl Zuckersirup, 6 Blätter Minze im Shaker mit einem Muddler andrücken, mit 4,5 cl braunem Rum, 2 Spritzern Angostura Bitters auf Eis schütteln, doppelt in eine gekühlte Coupette abseihen, mit circa 6 cl Brut Champagner aufgießen, ein Blatt Minze schwimmen schicken. | Pegu Club (Harry MacElhone, »Barflies and Cocktails«, 1927): 6 cl Gin, 1,5 cl Triple Sec, 0,75 cl Lime Juice Cordial (siehe Nummer 41), je 1–2 Spritzer Angostura und Orange Bitters.

68 Old Fashioned

Altmodischer Evergreen

Aller Anfang ist einfach. Aber dann wird's immer komplizierter. Im Anfang, genauer gesagt um 1800, wurde als »Cocktail« ein »Sling« – Spirituose, Zucker, Wasser – bezeichnet, in den zusätzlich Bitters kamen. Ein »Cocktail« war also ein »Bittered Sling«. Und wählte man, wie naheliegend, als Spirituose Whisky, dann resultierte daraus der »Whisky Cocktail«.

So Anfang, so einfach. Doch das 19. Jahrhundert war bekanntlich lang, und die Mischgetränke wurden peu à peu komplexer. Jerry Thomas unterscheidet in seinem Standardwerk »How to Mix Drinks or The Bon Vivant's Companion/The Bartender's Guide« (1862/1876) primär zwischen Cocktail – Spirituose(n), Likör, Bitters – und Crusta – zusätzlich mit Zitrussaft. Weiters kennt er Daisy, Julep, Smash, Fix, Cobbler, Sour, Toddy, Egg Nogg, Fiz, Sling, Flip, Sangaree, Shrub, Punch und andere. Wieder ein halbes Jahrhundert später hatte sich Cocktail als Bezeichnung aller Shortdrinks eingebürgert, und längst hat er auch die Longdrinks vereinnahmt, weswegen man heute in Bars die »Cocktailkarte« gereicht bekommt.

Zuerst war der »Whisky Cocktail«, dieser »Bittered Sling«, doch bald gab es mehr Mixe mit Whisky, mehr Cocktails und mehr Whisky Cocktails, ob »fancy«, »improved« oder wie auch immer abweichend. Bei jenen, die einen klassischen Whisky Cocktail haben wollten, bürgerte sich ein, »Old Fashioned« anzuhängen, um nicht irgendwelchen neumodischen Firlefanz untergejubelt zu bekommen. Irgendwann fiel der Hauptname dann weg, und der gute alte Whisky Cocktail hieß nur noch Old Fashioned.

Der Altmodische ist ein Evergreen, der gar nicht aus der Mode kommen kann. Wer noch nie einen Old Fashioned kredenzt bekam, wird bass erstaunt sein, was ein paar Gramm Zucker, ein paar Tropfen Bitters und ein wenig Orangenparfüm mit einem anständigen Bourbon oder Rye anzustellen imstande sind.

1 Würfelzucker in ein Old-Fashioned-Glas geben, darauf circa 3 Spritzer Angostura Bitters und ein paar Tropfen Mineralwasser, mit dem Muddler so lange zerstoßen, bis sich der Zucker aufgelöst hat. Mit 6 cl Bourbon oder Rye Whiskey und größeren Eiswürfeln kaltrühren, mit Orangenschale parfümieren und dekorieren. | Oaxaca Old Fashioned (Phil Ward, Death & Co., New York, 2007): 4,5 cl Reposado Tequila, 1,5 cl Mezcal, 0,75 cl Agavensirup, 2 Spritzer Angostura Bitters (oder Chocolate Bitters) auf einem großen Eiswürfel kaltrühren, mit einer flambierten Orangenzeste parfümieren und garnieren.

69 Pale Rita

Die bleiche Dame aus Tijuana

Die Margarita (siehe Nummer 100) stammt ursprünglich angeblich aus Tijuana, woher auch sonst, und ist, wozu die Deutschen – wie immer weit ausholend – Gänseblümchen, die Engländer – wie so oft kurz sich fassend – Daisy sagen. Eine Daisy ist eine Sour-Variante mit Orangenlikör (oder Ähnlichem) und Zitronensaft (oder Ähnlichem) und ein wenig Sodawasser. Man darf zur Margarita also durchaus Tequila Sour, mitunter auch Tequila Daisy sagen.

Das Grundprinzip der Margarita (Tequila, Triple Sec, Limettensaft, Salzrand) kennt 1.000 Interpretationen. Zu den bekanntesten und beliebtesten gehört Lagerita – eine mit Lagerbier aufgegossene Margarita. Wenn »Lager« etwas anderes bezeichnen soll als »irgendein Bier«, dann sind damit die lagerfähigen und das heißt untergärigen Biere gemeint, die sich im industriellen Brauzeitalter weitgehend gegen ihre obergärigen Kontrahenten durchgesetzt haben. Doch durch die Craft-Bier-Welle wurden die nicht tauchenden, sondern schwimmenden Hefen ein Stück weit rehabilitiert. Besser als ein 08/15-Lager mit ohne Hopfen passt zur Margarita ein (India) Pale Ale – idealerweise hübsch bitter und trocken, weder überbordend fruchtig noch karamellig und nicht zu alkoholisch. Kurz: ein straightes Pale Ale ohne Fisimatenten. Dann aber kann man die hopfenverlängerte Margarita nicht mehr guten Gewissens Lagerita nennen. Heißen wir sie also hefekonfliktfrei »Pale Rita« – der Teint stellt sich in Tijuana von allein ein.

Pale Ritas Trumpf ist die tiefgründige bittersüße Orangennote. Vor allem aber mundet die bleiche Dame herrlich erfrischend. Aber sie ist auch extrem gefährlich. Man ist geneigt, sie nicht nur unter Triple-S-Bedingungen (Sommer, Sonne, Strand) leichtfertig wie Limo wegzuschlürfen. Rinnt nachgerade ideal die Kehle hinunter – und sendet zugleich Impulse ans Hirn, die ebenda in den Imperativ »Mehr!« verwandelt werden. Ein Teufelskreis!

6 cl weißen Tequila, 3 cl Limettensaft, 2,25 cl Triple Sec, 1,5 cl Agavensirup auf Eis schütteln, doppelt in ein Teku-Glas mit einem sparsamen Salzrand und einem großen Eiswürfel abseihen, mit circa 15 cl (India) Pale Ale aufgießen, einmal vorsichtig umrühren. | Ruby Hearts: 4,5 Mezcal, 1,5 cl italienischen roten Bitterlikör (Campari), je 2,5 cl Limettensaft und Zimtsirup auf Eis schütteln, in ein Bierglas mit Eis geben, mit circa 15 cl (India) Pale Ale aufgießen.

70_Paloma

Manuel Gonzales' große Liebe

Ein Cocktail, der was werden will, wenn er groß ist, sollte sich beizeiten umschauen und eine schräge Story zulegen, die sich, so der Idealfall, wie ein Lauffeuer verbreitet. Also: Erstmals erwähnt wurde Paloma 1953 von Evan Harrison, in seinem Pamphlet »Popular Cocktails of The Rio Grande«. Allerdings hatte Harrison ihn nicht selbst kreiert, sondern sein Rivale Manuel Gonzales, ebenfalls Betreiber einer Taverne, der Paloma nach seiner großen Liebe benannt hatte. Als Gonzales das Rezept in Harrisons Pamphlet las, übermannte ihn rasende Eifersucht, er eilte zum Pueblo seiner Angebeteten, erschoss erst sie, dann sich vor den Augen ihrer Familie. Seine fabelhaften letzten Worte: »Mit Limette, nicht mit Grapefruit!«

Alles natürlich erstunken und erlogen. Die Spur führt nach Cambridge, Massachusetts, wo Evan Harrison Bar Manager im Mamaleh ist und sich wie folgt vorstellt: »Ein Barkeeper aus Texas mit einem Doppeldiplom in feministischen Studien und einer Sprache, die er nicht spricht, der einigen Quellen zufolge 50 Jahre vor seiner Geburt den Paloma-Cocktail erfunden hat.« Anderen Quellen zufolge hat Don Javier Delgado Corona die Paloma in seiner Bar La Capilla in Tequila, der Stadt, als Erster gemixt – wieder anderen Quellen zufolge hat er das höchstpersönlich abgestritten. Und Letzteres klingt einleuchtend, denn im Grunde ist die Paloma ein in Mexiko populäres Erfrischungsgetränk, das in seiner einfachsten Form aus nichts als Tequila und Grapefruitlimonade, ob gelb oder pink, besteht und für das man also keinen Barkeeper braucht.

Mit Limette *und* Grapefruit sowie Agavensirup ist die Paloma, die »Taube«, zwar einen Hauch komplizierter, aber ein umso begnadeter Durstlöscher für heiße Sommertage. Kein Trinkwiderstand, sondern purer Sonnenschein – kaum ein Longdrink ist so erfrischend wie die brillante Kombination von *Citrus paradisi* und Agavenherz.

5 cl Tequila, 3 cl Grapefruitsaft, 1,5 cl Limettensaft, 1 cl Agavensirup auf Eis schütteln, doppelt in ein Collinsglas (mit oder ohne Salzrand) mit Eis abseihen, mit circa 6 cl Grapefruitlimonade auffüllen, einen Grapefruitschnitz aufstecken. | Great Gatsby: Je 3 cl Wodka und Lillet Blanc, 7 cl Grapefruitsaft auf Eis schütteln und doppelt in einen gekühlten Tumbler mit Eis abseihen, mit Grapefruit (nicht mit Limette) arrangieren.

71 Paradise

Aprikosen im Orangengarten Eden

Im Paradies ist es schön. Auch wenn es vereinzelt Stimmen gibt, die schon das abstreiten würden, sollte der Konsens doch recht umfänglich sein. Ob Garten Eden, Insel der Seligen oder Nirwana, Schlaraffenland, Südseepalmen oder Almhütte – die religiösen und irdischen Paradiesvorstellungen sind so mannigfaltig wie der Mensch.

Für manche bedeuten Cocktailbars das Glück auf Erden – und ein perfekt tarierter, eiskalt servierter Paradise im Besonderen: Gin, Apricot Brandy und Orange als die Seraphim, Zitrone und Orange Bitters als die Cherubim. Drei bis fünf Zutaten, die viel Spielraum für Interpretation lassen. Zuerst beschrieben hat ihn Harry Craddock, der 1897 von der britischen Insel in die Vereinigten Staaten emigrierte und US-Bürger wurde. Doch als 1920 die Prohibition die Sonne verdunkelte, zögerte er keinen Moment und ging zurück nach London. Im Savoy Hotel wurde er zur Legende der Cocktailkunst und veröffentlichte 1930 »The Savoy Cocktail Book«, mit 750 Rezepten ein ewiger Klassiker. Zu seinen Signature Drinks gehörten die White Lady und der Corpse Reviver No. 2 (siehe Nummern 76 und 26), die Craddocks Faible für die Kombination von Gin und Triple Sec bezeugen. In die Kerbe gleich daneben schlägt der Paradise, den er aus zwei Teilen Gin, je einem Teil Apricot Brandy und Orangensaft sowie einem Schuss Zitronensaft mixt und straight up serviert. Nachfolgerezepte tendieren zu etwas weniger Orange und etwas mehr Apricot Brandy, und manche fügen einen Spritzer Orange Bitters hinzu. Haben die Orangen eine ausgeprägte Säure, dann spricht nichts dagegen, die Zitrone einer anderweitigen Bestimmung zuzuführen. Häretiker und Vitaminbefürworter aufgepasst, Dogmatiker und Cocktail-Puristen weggehört: Man kann den Saftanteil auch etwas erhöhen, ohne gleich den Eingang ins Paradies zu verpassen, denn, unter uns, nicht nur die Harten kommen in den Orangengarten.

3 cl Gin, 4 cl Orangensaft, 1 cl Apricot Brandy und 1 Spritzer Orange Bitters auf viel Eis kräftig schütteln und doppelt in eine gekühlte Coupette abseihen. | Flying Beauty: Je 2 cl Gin, Triple Sec, Zitronensaft auf Eis schütteln, doppelt in eine Coupette abseihen und mit circa 8 cl kaltem Brut Champagner auffüllen.

72 Penicillin

Die gesunde Hühnersuppe

Das New Yorker Milk & Honey öffnete seine Tore in der Silvesternacht 1999/2000. Ein gutes Jahr später servierten T. J. Siegel und Sasha Petraske dort erstmals den Gold Rush, eine Whiskey-Sour-Variante mit Honigsirup. So weit, so unspektakulär. Die Jahre zogen ins Land, die Idee reifte weiter … und 2005 aus: rauchiger, torfiger Scotch, wie er idealtypisch von den neun Destillerien der Insel Islay stammt, ersetzte den Bourbon, und Ingwer, der ebenso gut mit Honig wie mit Scotch harmoniert, kam hinzu.

Der Penicillin bleibt eine Variante des Whiskey Sour, ist aber mit seiner Komposition aus Scotch, Ingwer und Honig aromatisch eigenständig. Durch die Wahl des Whiskys ergeben sich feine Unterschiede – vielfach wird Scotch (oder ein Verschnitt aus mehreren) als Basisspirituose vorgeschlagen, aber Islay Scotch zum Floaten. Ingwer wird mitunter durch Galgant ersetzt. Und auch bei der Vorverarbeitung von Ingwer und Honig gibt es zahlreiche Vorschläge, von supereinfach bis megaraffiniert. Sam Ross, der Schöpfer des Penicillin, verwendete einen Sirup aus Ingwer und Honig, den man selbst herstellen kann: 100 Gramm geschälte und in feine Scheiben geschnittene Ingwerwurzel mit je einer Tasse flüssigem Honig und Wasser (zusammen ein knapper halber Liter) aufkochen und fünf Minuten reduzieren. Im Kühlschrank über Nacht ziehen lassen und sieben. Ingwerlikör und Honigsirup dagegen sind im gut sortierten Einzelhandel erhältlich.

Den Rang eines modernen Klassikers hat das Trio Scotch, Ingwer und Honig sich seit 2005 zweifelsohne redlich verdient. Bleibt nur noch eine Frage: Und der Name? Hühnersuppe! Die »Goldene Joich« gehört zu den traditionellen jüdischen Speisen und wird auch »jüdisches Penicillin« geheißen, weil sie noch jede Erkältung in die Flucht geschlagen hat. Und ihre Brühe schimmert im gleichen Farbton wie der zweifelsohne ebenfalls sehr heilsame Cocktail.

6 cl Scotch, 2 cl Zitronensaft, je 1 cl Ingwerlikör und Honigsirup kräftig auf Eis schütteln, doppelt in einen Tumbler mit Eis abseihen, 1 cl Scotch floaten, mit kandiertem Ingwer desinfizieren. | Alabama Slammer: 4 cl Whiskeylikör (Southern Comfort), je 1,5 cl Sloe Gin und Amaretto, 2 cl Zitronensaft, 4 cl Orangensaft auf Eis schütteln, doppelt in einen Tumbler mit einem großen Eiswürfel abseihen.

73 Perfect Manhattan

Zuckerentschärfter New Yorker

Manhattan, Brooklyn, Queens, Bronx und Staten Island. Jeder Bezirk New Yorks kann darauf pochen, dass nach ihm ein Cocktail benannt ist, und der fraglos bekannteste ist ein Ultramegaklassiker: der Manhattan. 1882 wird er erstmals schwarz auf weiß erwähnt, im »Sunday Morning Herald«, einer Zeitung aus Rochester am Südufer des Ontariosees. Noch scheint sich sein heute gebräuchlicher Name nicht durchgesetzt zu haben, denn als Alternativen werden »Turf Club« und »Jockey Club« gehandelt. Aber der Manhattan ist fraglos noch älter – obwohl sich seine Entstehung im Dunkel der Geschichte verliert, gilt als relativ sicher, dass er Anfang der 1870er Jahre das Licht der Welt erblickte. Der berühmteste Mythos, der sich um seine Geburtsstunde dreht: Er wurde im November 1874 im New Yorker Manhattan Club zu Ehren von Jennie Churchill erfunden. Wohl kaum, denn just in diesem Monat schenkte sie in Oxfordshire, auf der anderen Seite des Großen Teichs, ihrem ersten Sohn das Leben. Merke: Winston Churchill ist nicht für alle Cocktails verantwortlich zu machen!

Das Prinzip: zwei Teile Whiskey, ein Teil Wermut, ein paar Spritzer Bitters. So weit, so simpel. Damit ist aber auch klar, dass sich durch die Auswahl der Zutaten zahlreiche gröbere und feinere Unterschiede ergeben, je nachdem, ob man Bourbon, Canadian oder Rye Whiskey, roten oder weißen, süßen oder trockenen Wermut, Angostura, Peychaud's oder Orange Bitters verwendet – oder gar mehrere kombiniert. Um von all den Varianten mit weiteren Zutaten erst gar nicht zu reden …

Unter den zahllosen Abwandlungen gehört der Perfect Manhattan zu den beliebtesten. Anders als beim klassischen Manhattan gesellt sich nicht nur süßer roter, sondern auch trockener weißer Wermut zum Whiskey. Die wermütige Zuckerentschärfung bewirkt einen feinen, aber entscheidenden Unterschied, der den Manhattan zum perfekten New Yorker macht.

6 cl Whiskey, je 1,5 cl roten und weißen Wermut, 2 Spritzer Angostura Bitters auf Eis kaltrühren, in eine gekühlte Coupette abseihen, mit Orangenzeste parfümieren, mit Kirsche perfektionieren. | Brooklyn: Je 3 cl Rye Whiskey und roten Wermut, je 0,5 cl Maraschino und Amer Picon kaltrühren, in ein Likörglas abseihen, mit Maraschinokirsche garnieren.

74_Pimm's Cup

Spiel, Satz und Sieg

Melbourne, Paris, New York – auch andere Metropolen rund um den Globus richten ein Grand-Slam-Turnier aus, aber Wimbledon ist und bleibt die Königin, die die Massen elektrifiziert und sogar jene in ihren Bann zieht, die eigentlich gar nichts für den weißen Sport übrighaben. Die ebenso kurzen wie dramatischen Ballwechsel auf dem tückischen heiligen Rasen sind das eine, aber Wimbledon wäre nicht Wimbledon ohne das sehr britische Drumherum. Während der notorischen Regenpausen murrt das Publikum nicht, sondern nutzt die Gelegenheit, um, gut behütet mit aparten Kopfbedeckungen, eine Portion Erdbeeren mit Sahne und ein Glas Champagner zu ordern. Oder einen Pimm's Cup, der jedes Jahr hunderttausendfach über den Tresen geht.

James Pimm, ein Bauernsohn aus Kent, kam in den 1820er Jahren nach London und betrieb bald schwunghaften Handel mit Austern und anderen Meeresfrüchten. Es ist nicht bekannt, wann genau, aber um 1840 – so steht es heute auf der Flasche – führte er »Pimm's Oyster Bar« und reichte zu den Austern ein Getränk nach Art des Hauses, wie könnte es anders sein, auf Basis von Gin. Anfangs handelte es sich, aber das ist Spekulation, um einen einfachen »Bittered Sling« mit Wasser, Zucker und Bitters. Der Mix mundete den Londonern so gut, dass Pimm um 1850 begann, die Lokale in der Umgebung zu beliefern, und um 1860, in alle Welt zu verkaufen. Zu Pimm's Cup No. 1 gesellten sich später die Nummern zwei bis sieben – mit Scotch, Brandy, Rum, Rye Whiskey, Wodka und Tequila –, die sich gegen das Original jedoch nicht durchsetzen konnten und größtenteils wieder vom Markt verschwanden.

Pimm's No. 1 ist ein »Fruit Cup«, wie diese Getränkekategorie auf der Insel genannt wird, mit nicht zu vielen Umdrehungen, einer subtilen Bittere, moderaten erdigen, fruchtigen und frischen Noten – nicht harsch, sondern sommerfreundlich. Game, Set, and Match, Mister Pimm!

4 cl Pimm's Cup No. 1 in ein Collinsglas mit Eis geben, mit circa 12 cl Zitronenlimonade (und/oder Ginger Ale) aufgießen, reichlich Zitronen-, Orangen-, Apfel- und Gurkenscheiben, Erdbeeren und Minze einfüllen. | Pimm's Royale: 3 cl Pimm's Cup No. 1 in eine Sektflöte geben, mit Prosecco oder Champagner auffüllen und mit einer Erdbeere schmücken.

75 Piña Colada

Wer hat die Kokosnuss kandiert?

Piña Colada kann jeder – Rum, Ananas und Kokos durch den Mixer jagen, fertig ist die Laube. Angeschmiert, nix Laube! Denn was soll das überhaupt heißen: Kokos? Die Kokosnuss, um es gleich zu sagen, ist die babylonische Frucht. 1.000 Bezeichnungen zieren die Etiketten, von Kokoswasser über Kokosmark und Kokosmilch bis Kokoscreme, und erschwerend kommen englische Bezeichnungen hinzu. Für die Piña Colada verwende man »Cream of Coconut«, doch zur babylonischen Verwirrung zählt, dass es sich dabei keineswegs um »Coconut Cream« alias Kokoscreme handelt. Aber: Cream of Coconut wird aus Coconut Cream (oder Milk) gemacht – einfach mit Zucker halb und halb sowie einer Prise Salz zum Sirup kochen. Man kann Cream of Coconut auch kaufen, aber nicht überall und mitunter für eine Handvoll Peso zu viel; oder Kokossirup, in dem die echte Tropennuss freilich oft nur homöopathisch vorkommt. Also, hopp, erst mal an den Herd!

Mal soll es Ramon »Monchito« Marrero Pérez gewesen sein, der die Piña Colada in der Beachcomber Bar des Caribe Hilton erfunden hat, ob 1952 oder 1954, mal Don Ramon Portas Mingot 1963 in der Bar La Barrachina. Wie dem auch sei, die Spur führt nach San Juan, der Hauptstadt von Puerto Rico, wo der karibische Mix 1978 zum Nationalgetränk erklärt wurde.

Drei Zutaten plus Eis, mehr nicht – so soll es sein. Aber schon wenn die Ananas »super sweet« ist, schadet ein Schuss Limette möglicherweise nicht, und das gilt erst recht, wenn man Saft verwendet. Dann wird die Piña Colada aber nicht aus freien Stücken cremig, also kommt häufig Sahne dazu. Und hat man keine Cream of Coconut, dann kann man die Kokosmilch mit Zuckersirup süßen. Und last, but not least: der Rum. Weiß, wie oft vorgeschlagen, ist er, um einen Verdacht zu äußern, zumeist aus buchhalterischen Gründen – aus gustatorischer Perspektive spricht nichts gegen einen aromatischen braunen Rum.

Circa 150 g Ananasfruchtfleisch, 5 cl Rum, 4 cl Cream of Coconut, circa 100 g zerstoßenes Eis im Standmixer pürieren, bis die Piña Colada sämig ist, in ein gekühltes Hurricaneglas geben, tropisch dekorieren. | Painkiller (Daphne Henderson, Soggy Dollar Bar, Virgin Islands, 1970er Jahre): 6 cl brauner Virgin Islands Overproof Rum (Pusser's Rum), 2,5 cl Cream of Coconut, 4,5 cl Ananassaft, 1,5 cl Orangensaft auf Eis schütteln, doppelt in einen Tumbler mit Eis abseihen, einen Hauch Muskat aufschneien.

76_Pink Lady

Damenwahl

Die White Lady ist ein einfacher Gin Sour mit Triple Sec als aromatische Zuckerquelle. Sie ist damit ein Sidekick zum Sidecar, weil lediglich Cognac durch Gin ersetzt wird. Sie wird Harry MacElhone zugeschrieben, der sie in den 1920er Jahren kreierte, nachdem seine erste White Lady mit Crème de Menthe (statt Gin) sich als Sackgasse und Holzweg erwiesen hatte. Aber auch Harry Craddock, der ihn in der Bar des Londoner Savoy nach F. Scott Fitzgeralds Frau Zelda benannte. Und Victor Cabrin, der eine Bar im Hotel Grosvenor House betrieb. Wie dem auch sei, ab den 1930er Jahren tauchen Rezepte auf, die die White Lady mit Eiweiß weich und schaumig machen.

Vielleicht ist sie aber auch älter, denn auf die Idee, Gin statt Cognac zu verkleppern, wird ein Engländer, und zwar jeder, doch wohl kommen können. Dafür spricht, dass die Pink Lady im Prinzip eine Variante der White Lady ist, also späteren Datums sein müsste, aber in der Regel schon mit den 1910er Jahren assoziiert wird. Mitunter heißt es, der Cocktail sei nach dem Broadway-Musical »The Pink Lady« aus dem Jahr 1911 mit der umjubelten Hazel Dawn benannt. Klar ist, dass die partielle Ersetzung des britischen Wacholders durch Applejack (ruppiger) oder Calvados (eleganter) der Aromatik Tiefe verleiht, während Grenadine als Zuckerquelle Farbe ins Spiel bringt. Zu dieser Zeit gab es freilich in aller Cocktailwelt längst vergleichbare Kompositionen, wie beispielsweise den Clover Leaf des Clover Clubs (siehe Nummer 24), der sich lediglich durch ein wenig Wermut-Kräuterschwermut unterscheidet.

Die Pink Lady galt zwischenzeitlich, offensiv disqualifizierend gemeint, als »feminin« und »weiblich« und wurde von Herrenmagazinen auf hinterschuftigste Art und Weise ins falsche Licht gezerrt. Man kann solchen Verleumdungen nur aufs Entschiedenste entgegentreten – durch das unbeirrbare Bekenntnis: Jede Frau ist eine Perfect Lady!

4,5 cl Gin, 1,5 cl Calvados (oder Applejack), 2,5 cl Zitronensaft, 1,25 cl Zuckersirup, 0,75 cl Grenadine, ½ Eiweiß kräftig auf Eis schütteln, nochmals kräftig ohne Eis schütteln, doppelt in einen Tumbler mit Eis abseihen und mit einer Kirsche krönen. | White Lady: 6 cl Gin, 2 cl Triple Sec, 1 cl Zuckersirup, 3 cl Zitronensaft, ½ Eiweiß. Perfect Lady: 6 cl Gin, 1,5 cl Pfirsichlikör, 1 cl Zuckersirup, 2,5 cl Zitronensaft, ½ Eiweiß.

77_Pisco Sour

Unser Dorf soll schöner heißen

Mit der Formel Spirituose plus süßer Sirup plus saurer Saft ist der Sour im Prinzip beschrieben, schüttelnswertes Eiklar und Nebenaromen kommen nicht unwahrscheinlich dazu. Der König der Sauren ist fraglos der Whiskey Sour – nicht zu vergessen seine zahlreichen Filiationen. Doch erlaubt ist, was gefällt, und zu gefallen weiß, so scheint's, insbesondere die südamerikanische Variante mit Pisco.

In La Greda im Valle del Elqui, ein paar hundert Kilometer nördlich von Santiago de Chile, entstand um 1730 auf der Hacienda La Torre die möglicherweise erste »Pisquera«, die erste Pisco-Brennerei Chiles. Knapp anderthalb Jahrhunderte später setzte eine Pockenepidemie der Region zu, und die Einwohner beschlossen, ihr Dorf in La Unión umzubenennen – in Erinnerung an die Solidarität in der Zeit der Seuche. Gut sechs Jahrzehnte später hieß die Ortschaft schon wieder anders, diesmal nicht auf Betreiben der Einwohner, sondern einer Gruppe Abgeordneter. La Unión hört seither auf den Namen Pisco Elqui. Denn Peru, das wie Chile seit jeher Anspruch auf den Pisco erhob, hatte immer schon die Hafenstadt Pisco, zugleich Hauptstadt der Provinz Pisco, um damit anzugeben. Aber Chile? Kein Örtchen Pisco weit und breit! Also musste der Pisco-Hotspot La Unión sich den nationalen Interessen unterwerfen und geografisch Zeugnis ablegen für den chilenischen Traubenbrand.

Pisco ist ein Brand aus fermentiertem Traubenmost, und damit heißen seine europäischen engeren und ferneren Verwandten Grappa und Marc de Champagne, Trauben- und Weinbrand. Anders als beim Grappa, der aus Trester, den Pressrückständen, gebrannt wird, gehört dem Pisco die ganze Traube, wodurch ihm ein vollfruchtiger Charakter zuteilwird. Der Pisco Sour ist entsprechend nicht tiefsinnig-malzig, wie das Whiskey-Original, sondern spritzig, fruchtig und freundlich – ein heller, sonniger Sour mit aromatischem Traubenkick.

6 cl Pisco, 3 cl Limettensaft, 2 cl Zuckersirup, ½ Eiweiß kräftig auf Eis schütteln, nochmals kräftig ohne Eis schütteln, in ein gekühltes Likörglas abseihen, mit getrockneter Limettenscheibe servieren. | Pisco Punch: 6 cl Pisco, 3 cl Ananassaft, je 2 cl Limettensaft und Zuckersirup auf Eis schütteln, doppelt in einen Tumbler mit Eis abseihen, mit einer Ananasspalte garnieren.

78_Planter's Punch

Kalte Tiki-Küche

»One of sour, two of sweet, three of strong and four of weak«, lautet der berühmte Merkspruch zum Planter's Punch – ein Teil Säure, zwei Süße, drei Rum, vier Wasser. Ein Mischungsverhältnis, älter als jede Cocktailkultur und vielleicht nicht mehr als eine Gebrauchsanleitung für Zuckerrohrschnaps. Um bei den Gemeinplätzen zu bleiben: Beim Wort Punch braucht man keine Angst vor marodierenden Plantagenbesitzern zu bekommen, die der sprachlichen Verständigung abhold sind und gleich zuschlagen. Denn das Wort stammt wahrscheinlich von »pāñč«, Hindi für fünf, nämlich Zutaten: Spirituose, Zucker, Saures, Gewürze und Wasser. Punches wurde kalt oder heiß in Verzehr gebracht, und nur im deutschen Sprachraum hat sich Pun(s)ch einseitig für Heißgetränke vorzugsweise winterlich-weihnachtlicher Machart eingebürgert. Beim Planter's Punch bleibt die Küche allerdings kalt, um nicht zu sagen: eiskalt.

Wie der Planter zu seinem Punch kam, liegt im Dunkeln, aber auf der Hand. Zwar haben sich mehrere Planter's Hotels um die Urheberschaft beworben, jedoch nicht annähernd glaubwürdig genug. Völlig einleuchtend ist dagegen die Szenerie: Der Farmer kommt nach einem langen, harten Arbeitstag nach Hause, heiß und trocken steht die Luft zur Erntezeit auf dem Fleck, unzählige Grillen zirpen, unser Agrarexperte lässt sich in einen Schaukelstuhl auf der Veranda fallen und atmet nach dem ersten Schluck der eiskalten Erfrischung unmissverständlich Zufriedenheit aus.

Das eingangs beschriebene Mengenverhältnis macht den Planter's Punch gewissermaßen zum Blueprint oder Rohbau des Tiki-Wesens, das ja auf Rum, Rum und nochmals Rum aufbaut. Zum Blend aus zwei goldenen und einem dunklen Rum tritt die süße Würze des Mandeln-und-mehr-Likörs Falernum aus Barbados und von Granatapfelsirup, beide ganz und gar Tiki-typisch – und schon ist die Farmerveranda weit weg, das Palmenpanorama dagegen ganz nah.

Tiki: 3 cl goldenen Rum von den Virgin Islands, je 1,5 cl goldenen und dunklen jamaikanischen Rum, je 0,5 cl Falernum und Grenadine, je 1,5 cl Limettensaft und Zuckersirup, 2 Spritzer Angostura Bitters, circa 120 g zerstoßenes Eis in einem Blender kräftig mixen, in ein gekühltes Tiki-Glas mit Eis abseihen, Minze einstecken. | Planter's Punch (klassisch): 5 cl jamaikanischen Overproof-Rum, 3 cl Limettensaft, 2 cl braunen Zuckersirup, 2–3 Spritzer Angostura Bitters (oder karibische Tiki/Rum Bitters), 6 cl kaltes Wasser auf Eis schütteln, doppelt in ein Hurricaneglas abseihen und mit Minze verzieren.

79 Porn Star Martini

Pure Passion

Der Porn Star Martini ist fraglos eine der spektakulärsten Cocktail-Neuschöpfungen des 21. Jahrhunderts. Der stille Schrei nach Liebe, bestehend aus Wodka, Vanille und Passionsfrucht, stammt von Douglas Ankrah (1970–2021). Der gebürtige Ghanaer gründete 1996 die »London Academy of Bartending«, zunächst eine Ausbildungsstätte für Barkeeper in der Atlantic Bar, ab 1999 unter dem Kürzel LAB auch Ankrahs Bar in Soho.

Rechtzeitig zum neuen Millennium eröffnete Ankrah eine zweite Bar namens The Townhouse in Knightsbridge, die als Geburtshaus des Porn Star Martini gilt. Den hatte der Cocktail-Weltenbummler allerdings wohl schon vorher kreiert, und zwar in Kapstadt. Ankrah war beauftragt worden, die Barkarte des Mavericks zu designen, eines Etablissements, das gewöhnlich als »Gentlemen's Club« bezeichnet wird, worunter man sich freilich kein Oberklassenrefugium im Stile vergangener Jahrhunderte mit Kaminzimmer, Bibliothek und begehbarem Humidor vorstellen darf. Vielmehr geht es im Mavericks nicht zuletzt um leichte Bekleidung und das verführerische Ablegen derselben durch die Trägerinnen. Gut möglich, dass sich Ankrah von den Enthüllungsversuchen hat inspirieren lassen, jedenfalls nannte er seinen neuen Drink zunächst »Maverick Martini«, nach den Entkleidungskünstlerinnen, entschied sich dann aber um, nämlich für die Eskalation und den Porno.

Sex sells, heißt es, und tatsächlich gehört der erotomanischste, hypersexuellste Cocktail des neuen Jahrhunderts offensichtlich auch zu den anziehendsten Kreationen nicht nur der jüngeren Geschichte. Sowohl nach der Anzahl der Suchaufträge im digitalen Space als auch nach der Anzahl der Bestellungen in Bars rund um die Welt erhebt der Porn Star Ansprüche auf die Nummer eins. Und das mit guten Argumenten, denn das zärtliche Zusammenspiel von Passionsfrucht und Vanille hat weitaus mehr zu bieten als billigen Sex. Pure Passion!

5 cl Vanille-Wodka, 2 cl Passionsfruchtlikör, 8 cl Passionsfruchtpüree (circa 2 Passionsfrüchte), 2 TL Vanillezucker kräftig auf Eis schütteln, doppelt in eine gekühlte Coupette abseihen, eine Passionsfruchthälfte floaten, einen Shot Brut Champagner dazu servieren. Statt aromatisierten Wodka und Zucker zu verwenden, kann man auch mit Extrakt, Paste oder Mark der Vanille mixen. | Saturn: 4,5 cl Gin, je 1 cl Falernum und Orgeat, 2 cl Passionsfruchtpüree, 1,5 cl Zitronensaft auf Eis schütteln, doppelt in einen Tumbler mit grob zerstoßenem Eis abseihen, Limettenzeste und Maraschinokirsche als Saturnmonde.

80_Porto Flip

Der doppelt fortifizierte Priester

Gegen Ende des 17. Jahrhunderts sollen englische Kaufleute in einem portugiesischen Kloster den sogenannten Priest-Port entdeckt haben, haltbaren süßen Wein, dessen Gärung mittels Zugabe von Branntwein gestoppt wurde. 1703 handelte der britische Botschafter in Portugal, John Methuen, den nach ihm benannten »Methuenvertrag« aus, ein Freihandelsabkommen zwischen den beiden Ländern, und seither war der Siegeszug des Süßweins mit der doppelten Staatsbürgerschaft nicht mehr aufzuhalten.

Der Begriff Flip bezeichnet Cocktails mit Eigelb (oder ganzen Eiern) in Kombination mit allerlei Spirituosen oder, wie in diesem Fall, fortifizierten – also aufgespriteten – Weinen. Zwei der bekanntesten Flips sind iberischer Herkunft und basieren auf Sherry und Portwein. Bei den Süßweinen aus dem Douro-Tal unterscheidet man grundsätzlich zwei rote Varianten: Während »Ruby« nur kurz im Fass reift und saftig rot schimmert, verbleibt der »Tawny« länger, oxidiert ein wenig und verfärbt sich entsprechend – im Porto Flip macht sich ein ordentlicher Tawny am besten. Die älteste schriftliche Fixierung stammt von Jerry Thomas, aus der Auflage des »Bartenders Guide« von 1887. Der Professor mixt ein Glas Portwein mit einem Teelöffel Puderzucker und einem Ei, fertig ist der Port Wine Flip. Da Portwein viel Süße einbringt, kann man getrost auf Zucker verzichten. In neueren Rezepten bleibt der Port selten allein – zumeist wird er sozusagen ein zweites Mal fortifiziert, nämlich mit Brandy, der für mehr Tiefe sorgt. Manche Rezepte schlagen zusätzlich etwas Sahne vor, wodurch aus dem Flip streng genommen ein Eggnog wird.

Der Porto Flip flippt perfekt, wenn zwischen Viana do Castelo und dem Cabo de São Vicente die Sonne wehmütig im Atlantik versinkt. Kein sommerlicher Drink, sondern geballte Saudade von altmodischer Dramatik, im Hintergrund das Tosen des Atlantiks und der bittersüße Klang des Fado.

9 cl roten Portwein (Tawny), 3 cl Brandy, 1 Eigelb kräftig auf Eis schütteln, doppelt in eine gekühlte Coupette abseihen. | White Port Tonic: 6 cl weißen Portwein (extra dry), 12 cl Tonic Water in ein Highballglas mit Eis geben, mit Zitrusscheiben (Zitrone oder Orange) und Kräutern (Minze oder Rosmarin) garnieren.

81 Prince of Wales

Das private Leben von König Eduard VII.

Früher war die Welt noch in Ordnung. Die Prinzen von Wales dankten ab, wurden abgesetzt, ermordet oder starben notfalls früh eines natürlichen Todes – oder sie wurden zügig gekrönt, weil ihre Väter abdankten, abgesetzt oder ermordet wurden oder notfalls früh eines natürlichen Todes starben. Im 18. Jahrhundert gab es allerdings eine Palastrevolution, in deren Folge das Dasein als Prince of Wales zur Lebensaufgabe wurde. Charles Mountbatten-Windsor trug den Titel von 1958 bis 2022, Georg von Hannover, der erste Langzeitprinz, wartete von 1762 bis 1820 auf seine Krönung.

Albert Eduard von Sachsen-Coburg und Gotha, der Dritte im Bunde, bekleidete das royale Amt von 1841 bis 1901 59 Jahre lang, alldieweil seine Mutter ein Zeitalter zu prägen hatte, nämlich das Viktorianische. »Bertie« wusste etwas mit der vielen Zeit anzufangen. Er war ein veritabler Bonvivant, mannigfachen Lastern verfallen, aller Sünde zugeneigt, keinem Vergnügen abgeneigt. Legendär seine Jagdgesellschaften, immens seine Einsätze bei Pferderennen, zahlreich seine Liebesabenteuer mit Mätressen, Schauspielerinnen und Winston Churchills Mutter.

Begabt zeigte sich Prince Bertie auch bei der Liquidierung von Liquiden. Das 1901 anonym erschienene Enthüllungswerk »The Private Life of King Edward VII« – aus der Feder eines Mitglieds des königlichen Hofstaats – bezichtigt ihn der Erfindung eines »exzellenten Cocktails«, der das gefundene Bindeglied zwischen Champagner-Cocktail und Old Fashioned (siehe Nummern 22 und 68) ist. Während der ewige Prinz Rye Whiskey als natürliche Basis seines Drinks ansah, konkurriert seither eine Variante mit Cognac, oft kombiniert mit Madeira, in der Triple Sec und zuweilen Bénédictine Maraschino ersetzen, die hoch in der Gunst des Publikums steht. In beiden Fällen gehört es sich nicht, den Mix in Champagner zu ertränken – nur ein Schuss, denn der Prince of Wales soll kurz bleiben.

1 Stück Ananas (circa 1,5 cm Kantenlänge) im Shaker zerstoßen, mit 5 cl Rye Whiskey, je 0,5 cl Maraschino und Zuckersirup, 1 Spritzer Angostura Bitters auf Eis schütteln, doppelt in ein gekühltes Champagnerglas abseihen, mit circa 3 cl Brut Champagner auffüllen, vorsichtig umrühren, Zitronenzeste über den Rand kringeln. | Prince of Wales (mit Cognac): je 3 cl Cognac und Madeira, 0,75 cl Triple Sec, 1 Spritzer Angostura Bitters, 3 cl Champagner, mixen wie gehabt.

82_Professor Langnickel

Gib mich die Kirsche!

Bei den meisten Cocktails ist es so: Man steht im Dunkeln und findet den Lichtschalter nicht. Wer welchen Drink wann und wo, wieso, weshalb, warum erfunden hat, darüber sind sich die Chronisten uneins, und auch bei den Rezepten geht es drunter und drüber. Immer wieder muss man sich eingestehen, nicht nichts, aber doch sehr wenig zu wissen. Ganz anders verhält es sich bei Professor Langnickel, nicht dem Mann, sondern dem Drink.

Dichtung oder Wahrheit: Am 20. Januar 2008, einem Sonntag, betrat Hans Langnickel die gerade erst eröffnete Hamburger Bar Le Lion, hinter der Theke Jörg Meyer und Mario Kappes, von welchem er einen »Don Raphael« serviert bekam. Langnickel blieb hartnäckig beim Sherry, bis Kappes die Ideen ausgingen. Gerade zur rechten Zeit küsste ihn die Muse, er mixte Morand Kirsch Vieux, Guignolet de Dijon von Gabriel Boudier und Pedro Ximénez Monteagudo Sherry und parfümierte mit Zitrone. Langnickel war begeistert und nahm gleich noch einen. Meyer hatte die Szene aus den Augenwinkeln beobachtet und angenommen, es entstehe ein »Dr. Sack«, ein Dreiteiler aus Kirschwasser, Kirschbrandy und Gin, der seinen Namen im Adlon bekommen haben soll – nach einem Stammkunden, der ihn notorisch orderte. Und schon hatte die spontane Eingebung von Kappes ihren Namen, denn über dem Doktor rangiert bekanntlich nur noch der Professor.

Meyer und Kappes haben stets betont, dass Morand, Guignolet und Monteagudo perfekt harmonieren und nicht so leicht zu ersetzen sind. Der Sherry muss in jedem Fall ein Pedro Ximénez mit seiner Rosinensüße sein, und beim Likör wird es ganz eng: einen zwar fruchtigen, dabei aber sehr herben und aromatischen Kirschlikör wie den Guignolet de Dijon wird man erst mal finden müssen – diesen selbst aber auch. Professor Hans Langnickel ist übrigens eigentlich nicht Gast, sondern Gastgeber: 2001 gründete er das Barfly im schönen Köln-Nippes.

3 cl Kirschwasser, 2 cl herben, aromatischen Kirschlikör, 2 cl Sherry (Pedro Ximénez) auf Eis kaltrühren, in eine gekühlte Coupette abseihen, mit Zitronenschale parfümieren und mit Maraschinokirsche garnieren. | Don Raphael (von Mario Kappes): 5 cl Brandy (Cardenal Mendoza), 2 cl Sherry (Pedro Ximénez), 1 Spritzer Orange Bitters, etwas Orangenschale auf Eis kaltrühren, in ein Likörglas abseihen, mit Orangenzeste parfümieren. Dr. Sack: Je 3 cl Gin, Kirschwasser, Kirschbrandy, intensiv kaltrühren.

83 Psychopathia Sexualis

Keine Schweinereien!

Between the Sheets, Sex on the Beach, Screaming Orgasm und – jetzt wird's richtig schmutzig – Dirty Banana (siehe Nummern 90, 27, 31). Die Cocktailwelt ist total verschweint. Nicht nur vergibt sie, bis auf wenige hochlöbliche Ausnahmen, bloß unanständige Namen an ihre Mixturen. Nein, Gerüchten zufolge sollen Cocktailbars zudem nicht selten Anbahnungsinstitute für erotische Erquickungen sein. Haben Cocktails also keine andere Funktion, als den Unterleib in Wallung zu bringen?

Nein, nein und nochmals nein! Der »Psychopathia Sexualis« entspringt nicht der sexuellen Praxis, sondern der wissenschaftlichen Theorie. Richard von Krafft-Ebing veröffentlichte 1886 seine »klinisch-forensische Studie« gleichen Namens, in der er Formen sexueller Aberration, Obsession und Perversion beschreibt und die Begriffe Masochismus und Sadismus prägt. Er wendet sich an Wissenschaftler und übersetzt besonders anstößige Stellen vorsichtshalber ins Lateinische – doch umsonst: Die »Psychopathia sexualis« wird zum Bestseller, in dem Abertausende »Aufklärung und Trost hinsichtlich rätselhafter Erscheinungen ihrer eigenen Vita sexualis suchen und finden«.

Indem der Mensch sich von der Wollust der Naturtriebe löst, befreit er sich vom Los des »willenlosen Sklaven«, weckt »höhere, edlere Gefühle« und erschließt die »Welt des Schönen, Erhabenen, Sittlichen«. Krafft-Ebings Nachfolger Sigmund Freud sprach von »Veredelung der Triebe« und »Sublimierung«, und ganz und gar edel und sublim ist der Psychopathia Sexualis, der erstmals 1941 im »Cocktail Guide and Ladies' Companion« von Crosby Gaige Erwähnung findet. Sherry ist der Protagonist und für die Feinjustierung zuständig: eher üppige, tendenziell süße Sherrys – von Oloroso über Palo cortado bis Pedro Ximénez – konturieren ihn besser. Ein Drink fern aller Triebverfallenheit, der sich in die sublimsten Höhen vornehmster Verfeinerung aufschwingt.

Je 2 cl Gin, Sherry, weißen und roten Wermut, 2 Spritzer Orange Bitters auf Eis schütteln und in ein gekühltes Likörglas abseihen. | Screaming Orgasm: Je 2 cl Wodka, Amaretto, Kaffeelikör, Irish Cream, Milch und Sahne auf Eis schütteln, in einen Tumbler mit grob zerstoßenem Eis geben, eine kleine Haube geschlagene Sahne aufsprühen, mit einer Maraschinokirsche zum Quietschen bringen.

84_Queen's Park Swizzle

Früher war alles viel besser

Als die Große Depression in den Staaten wütete und der Faschismus in Europa sein grausiges Haupt erhob, heirateten George, 1. Duke of Kent, und Prinzessin Marina. Ihre Hochzeitsreise führte sie nach Trinidad, ins Queen's Park Hotel von Port of Spain. Dort ließ es sich 1935 prächtig flittern, in einem toten Winkel des seinerzeitigen Weltgeschehens, seit weit über einem Jahrhundert stabil in britischer Hand, mit Gutwettergarantie und royaler Bewirtung.

Ein halbes Jahrhundert zuvor hätte es George und Marina nicht nach Port of Spain verschlagen, denn den Luxus im Queen's Park Hotel gab es noch nicht lang. Edgar Tripp, 1870 aus England in die Karibik ausgewandert, spielte eine zentrale Rolle bei der frühen Modernisierung Trinidads. Schon 1890 wurden die ersten Straßen der Hauptstadt asphaltiert, als daran in vielen Weltmetropolen noch nicht zu denken war, Tripps »Electric Light and Power Company« sorgte ab dem 25. Februar 1895 für Elektrifizierung und Erleuchtung, nicht zuletzt der asphaltierten Straßen, und die beiden ersten Häuser, die ans Netz gingen, waren das 1861 anlässlich des geplanten, aber nicht realisierten Besuchs von Prinz Alfred, Herzog von Edinburgh, erbaute Prince's Building sowie das am 15. Januar 1895 eröffnete Queen's Park Hotel.

Spätestens seit den 1920er Jahren war der Queen's Park Swizzle der Drink des Hauses. Lange vor Tiki – Trader Vic pries den trinidadischen Swizzle als die »reizvollste Form der Anästhesie«. Traditionell swizzlet man mit einem »Swizzle Stick« (siehe Nummer 23) – und damit sind wir auch schon wieder bei der Elektrifizierung der Welt. Ethnologisch-technologiehistorisch könnte man den »Swizzle Stick« für einen archetypischen, handbetriebenen Blender halten. Aber eben das macht er nicht, sondern lässt alle Differenzen bestehen, was uns zielsicher zu der Frage führt, ob nicht doch früher alles viel besser war.

Circa 10 Blätter Minze in einem Highballglas leicht anstoßen, 6 cl Demerara-Rum, 2,25 cl Limettensaft, 1,5 dunklen Zuckersirup (2:1) dazugeben, mit zerstoßenem Eis bis ⅔ auffüllen, einen Swizzle Stick (oder Barlöffel) mit beiden Händen oberhalb der Minze schnell drehen, mit zerstoßenem Eis auffüllen, mit 6 – 10 Spritzern Angostura Bitters toppen, Minze zuoberst. | Martinique Swizzle (Trader Vic): 6 cl dunklen Rum, je 1,5 cl Zitronensaft und Zuckersirup, je 2 Spritzer Angostura Bitters und Absinth in ein Highballglas geben, umrühren, mit zerstoßenem Eis auffüllen, swizzlen, erneut mit zerstoßenem Eis auffüllen, Limette und Minze als Dekor.

85 Ramos Gin Fizz

Feine Sahne Fizzfilet

Henry Charles Ramos' Bruder hörte auf den Namen Charles Henry Ramos, und es mag an der verwirrenden Namengebung gelegen haben, dass Henry Charles besser bekannt war als Carl Ramos. Die beiden Brüder kauften 1888 den Imperial Cabinet Saloon, die Keimzelle des Ramos Gin Fizz. Ihre Spezialität waren Fizzes, mit Sprudel aufgefüllte Sours, in denen nicht selten ein Eiweiß die Schaumkrone bildet. Die Legende besagt, dass die extrem erfolgreichen Ramos-Brothers um die Jahrhundertwende wöchentlich rund 5.000 Eier durch ihre Shaker schickten.

Seinen zugleich erfolgreichsten und extravagantesten Fizz nannte Carl Ramos selbst »One and Only One«, bekannt wurde er ob seiner Herkunft als »New Orleans Fizz« und heißt heute nach seinem Erfinder. Ramos verriet, lange nachdem er wegen der Prohibition sein Geschäft hatte aufgeben müssen, einem Journalisten des »New Orleans Tribune« das Rezept, das jener wiederum kurz nach Ramos' Tod im Jahr 1928 in seinem Nachruf veröffentlichte. Es fehlt die Vanille, von der man nicht weiß, ob sie die Geheimzutat schon des Ramos'schen Rezepts war oder erst später in den Drink fand.

In seinen Ausführungen über seinen Geniestreich betonte Ramos, dass etwas Weiteres essenziell für das Gelingen sei: der menschliche Faktor. Er meinte damit freilich etwas durch und durch Handfestes, nämlich die Kraft in den Oberarmen seiner »Shaker Boys«, die er seinen Bartendern in Stoßzeiten, nicht nur während des Mardi Gras, zur Seite stellte und die nichts anderes zu tun hatten, als zu schütteln, was das Zeug hält. Denn dieser Drink muss durchgerüttelt und geschüttelt werden, bis die »fette Milch«, die schaumige Emulsion entsteht, die man haben will, wenn man einen Ramos Gin Fizz bestellt. Er ist ein sahniger Schmeichler mit verführerischen, unterschwelligen Aromen, durch und durch New Orleans – und fraglos einer der größten Drinks der Cocktailgeschichte.

6 cl Old Tom Gin, je 1,5 cl Limetten- und Zitronensaft, je 2 cl Zuckersirup und Sahne, 1 Eiweiß, 3–4 Tropfen Vanilleextrakt 1 Minute kräftig auf Eis schütteln, nochmals 1 Minute kräftig ohne Eis schütteln, in ein gekühltes Collinsglas abseihen, mit 3–4 cl Mineralwasser auffüllen,1–2 Spritzer Orangenblütenwasser auf den Schaum träufeln, Orangendeckel drauf. | Bird of Paradise Fizz (Charles H. Baker, »The Gentleman's Companion«, 1939): 5 cl Gin, 2,5 cl Limettensaft, 1 cl Himbeersirup, 1,5 cl Sahne, ½ Eiweiß, 3–4 cl Mineralwasser, 3 Spritzer Orangenblütenwasser, mixen wie gehabt.

86 Ranglum

Teutonischer Tiki

Gonçalo de Sousa Monteiro aus Lissabon reiste 1989 durch Europa und strandete, rechtzeitig zum Mauerfall, zunächst in München, später in Berlin, wo er ab 2001 in der soeben gegründeten Victoria Bar schüttelte und rüttelte. 2007 war er mittendrin statt nur dabei, als Jörg Meyer in Hamburg das Le Lion eröffnete, mit dem er auch zu den »Traveling Mixologists« zählte, einem losen Zusammenschluss namhafter Barkeeper, die ihre Künste auswärts, »on the road«, zum Besten gaben. 2010 bezog er in Berlin seine eigene Bar namens Buck & Breck, mit nur 14 Thekenplätzen.

2006 kreierte de Sousa Monteiro den Ranglum, dessen Name ebenfalls ein Mix ist: aus dem jamaikanischen Gitarristen Ernest Ranglin und dem karibischen Likör Falernum. Ranglin ist ein Grenzgänger zwischen Jazz und Reggae. Anfang der 60er Jahre gehörte er zu den Pionieren der Entwicklung von Mento und Calypso zu Ska und Rocksteady, etwa in Coxsone Dodds legendärem Studio One und als Begleitmusiker eines gewissen Bob Marley. 1964 war er Hausgitarrist im berühmten Londoner Ronnie Scott's Jazz Club und spielte immer wieder mit dem Pianisten Monty Alexander, auch er Jamaikaner. Falernum ist ein Likör (mitunter auch Sirup), der aus Barbados stammt und den es mindestens seit dem 19. Jahrhundert gibt. Mit seiner Aromatik – Mandeln, Limette, Ingwer, Nelken, Piment, Vanille – erinnert er an Orgeat, ist aber würziger und findet seine Bestimmung, wie der Mandelsirup, in exotischen Drinks.

Der Ranglum zählt zu den Tiki-Cocktails, die allerdings in der Regel eher lang sind, während der teutonische Tiki mit portugiesischem Hintergrund sich vergleichsweise kurz gibt – mit der Idee der Konzentration auf das Wesentliche. De Sousa Monteiro scheint im Übrigen ein Faible für Jazz-Gitarristen zu haben, denn von ihm stammt auch der Burrell – benannt nach Kenny Burrell, berühmt vor allem durch seine Aufnahmen für Blue Note.

5 cl dunklen/schwarzen Rum, 1 cl hochprozentigen weißen Rum, 2 cl Falernum, 2 cl Limettensaft auf Eis schütteln, doppelt in einen gekühlten Tumbler mit Eis abseihen und mit getrockneter Limettenscheibe garnieren. | Burrell: 4,5 cl Gin, 1,5 cl weißen Wermut, 0,5 cl Bigallet Viriana China-China (Likör aus Orangenschalen), 2 – 3 Spritzer Maraschino, 1 Spritzer Angostura Bitters kaltrühren und in eine gekühlte Coupette abseihen.

87_Sazerac

The Big Easy

Die Legende besagt, der Sazerac sei schon in den 1850er Jahren im Sazerac Coffee House zu New Orleans ausgeschenkt worden, seinerzeit mit Cognac von Sazerac de Forge & Fils. Die Reblausplage in Frankreich ab Mitte der 1860er Jahre habe Cognac aber rar und teuer gemacht, sodass Whiskey, der ungefähr zeitgleich qualitativ deutlich besser geworden sei, das Ruder übernommen habe. Andere unken, der Sazerac sei seinem Wesen nach schon immer ein Whiskey-Cocktail gewesen, aber eben erst verspätet auf des Pudels Kern gekommen. Cocktail-Historiker David Wondrich schreibt unverblümt, der Sazerac sei im Prinzip nichts anderes als der Improved Whiskey Cocktail von Jerry Thomas, der Bourbon oder Rye Whiskey mit je drei Spritzern Angostura Bitters und Zuckersirup, zwei Spritzern Maraschino und einem Spritzer Absinth gewürzt hatte. Noch einmal anders gesagt: Der Sazerac ist ein Old Fashioned (siehe Nummer 68), in dem Peychaud's Bitters Angostura ersetzt und Absinth für eine subtile Frische sorgt – zwei Zutaten, wie sie für New Orleans kaum typischer sein könnten.

Der Star im Sazerac ist ganz eindeutig Peychaud's Bitters, der auf Antoine Amédée Peychaud zurückgeht. Der im heutigen Haiti geborene Apotheker kam 1795 nach New Orleans und erfand seine Essenz, die Mutter aller Creole Bitters, um 1830. Peychaud's Bitters wird heute durch die Sazerac Company vertrieben, und das nicht ganz zufällig, denn der Sazerac hat sich erfolgreich gegen alle Angostura-Bitternis gewehrt – und so mancher Barkeeper schwört Stein und Bein: Ein Sazerac ist ein Sazerac allein mit Peychaud's Bitters, rötlich, nicht schwarz, und von milderem, blumigerem, frischerem Aroma zwischen Menthol, Anis und Enzian als der allgegenwärtige starkbittere Angostura. Der Sazerac ist so altmodisch wie der Old Fashioned, spricht aber mit einem unverkennbar kreolischen Akzent und kann nur aus La Nouvelle-Orléans stammen.

6 cl Rye Whiskey, 1 cl Zuckersirup, 5 Spritzer Peychaud's Bitters auf Eis kaltrühren, einen gekühlten Tumbler mit circa 1 cl Absinth durchschwenken und abgießen, den Mix in den Tumbler abseihen, mit Zitronenzeste parfümieren. | À la Louisiane: 5 cl Rye Whiskey, 2,5 cl roten Wermut, 1 cl Bénédictine, je 3 Spritzer Absinth und Peychaud's Bitters kaltrühren, in eine gekühlte Coupette abseihen und mit Maraschinokirschen anrichten.

88 Seelbach

Bitternis auf der Seele

1869 wanderte der 17-jährige Louis Seelbach aus Bayern aus, und zwar, wohin auch sonst, nach Louisville, Kentucky – er könnte vor seiner Überfahrt freilich Alois geheißen haben. Fortan verwirklichte er seinen amerikanischen Traum, begann als Hotelpage, machte sich in den 1870er Jahren mit dem Seelbach Bar & Grill selbstständig und schwamm in der wachsenden Metropole auf einer Welle des Erfolgs. Um 1890 folgte ihm sein Bruder Otto, und sofort begannen sie mit der Planung des Grandhotels Seelbach nach europäischem Vorbild, das 1905 seine Tore öffnete. Der Prachtbau beherbergte nicht nur zum Kentucky Derby illustre Gäste, darunter US-Präsidenten, Mafiabosse und Hollywoodschauspieler, sondern auch F. Scott Fitzgerald, der nachhaltig beeindruckt war, nicht zuletzt von der Bar des Rathskellers, dem gigantischen, sehr bayerischen Gewölbekeller des Hotels, und die Hochzeit von Daisy Fay und Tom Buchanan in »Der große Gatsby« im »Muhlbach Hotel« statthaben lässt.

Nach dem Tod von Louis Seelbach 1925 wurde das Hotel mehrfach verkauft, 1975 für immer geschlossen, 1982 wiedereröffnet und wechselte 2009 zum bis dato letzten Mal den Besitzer. 1995 fand der junge Chefbartender das Rezept des zwischen 1912 und 1917 entwickelten Seelbach-Cocktails wieder, des Signature Drinks des Hotels in den Jahren vor der Prohibition. Der historische Mix mit der hohen Bitters-Dosis wusste zu gefallen, eroberte Cocktailbücher und -karten rund um den Globus und wurde zum geachteten Klassiker. Gut zwei Jahrzehnte später entschied sich Adam Seger, reinen Tisch zu machen, und gestand Robert Simonson, Autor einer Cocktail-Kolumne in der »New York Times«, dass alles erstunken und gelogen gewesen sei. Möglicherweise hat damals schon ein dunklerer Schatten auf Segers Seele gelastet, denn 2018 wurde er in New Orleans verhaftet und eines 2015 begangenen Sexualverbrechens angeklagt.

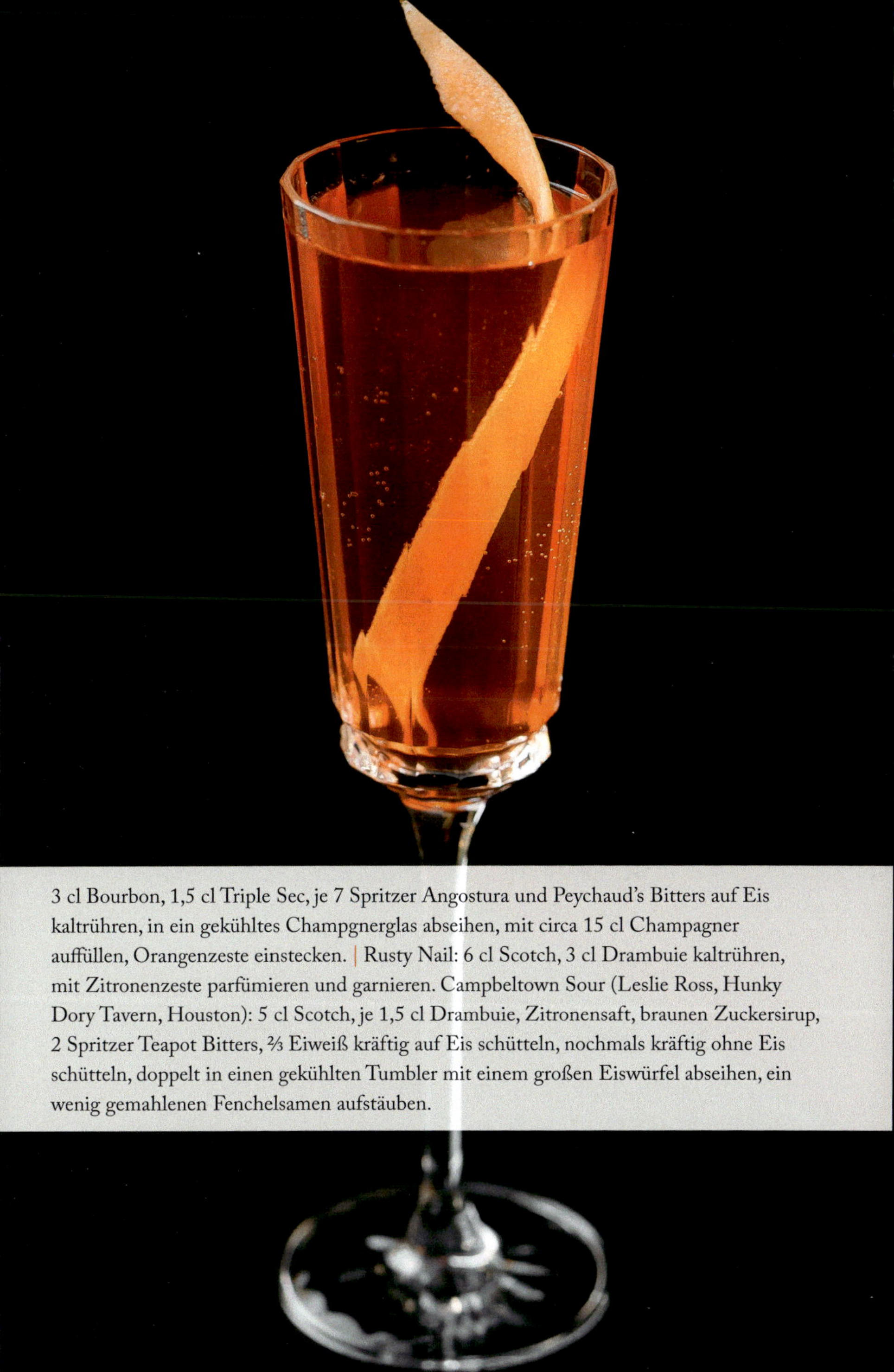

3 cl Bourbon, 1,5 cl Triple Sec, je 7 Spritzer Angostura und Peychaud's Bitters auf Eis kaltrühren, in ein gekühltes Champgnerglas abseihen, mit circa 15 cl Champagner auffüllen, Orangenzeste einstecken. | Rusty Nail: 6 cl Scotch, 3 cl Drambuie kaltrühren, mit Zitronenzeste parfümieren und garnieren. Campbeltown Sour (Leslie Ross, Hunky Dory Tavern, Houston): 5 cl Scotch, je 1,5 cl Drambuie, Zitronensaft, braunen Zuckersirup, 2 Spritzer Teapot Bitters, ⅔ Eiweiß kräftig auf Eis schütteln, nochmals kräftig ohne Eis schütteln, doppelt in einen gekühlten Tumbler mit einem großen Eiswürfel abseihen, ein wenig gemahlenen Fenchelsamen aufstäuben.

89 Serendipity

Die drei Prinzen von Sri Lanka

Serendipität bezeichnet das Finden von etwas, nach dem man nicht gesucht hat. Es ist dies mehr als bloß Zufall, denn zur Serendipität gehört, dass der, der findet, dafür präpariert, vielleicht sogar prädestiniert war. Nur offene Augen können das Unerwartete sehen. Der Zufall begünstigt den vorbereiteten Geist. Nur wer weiß, dass er nicht weiß, wird wissen können. Und so weiter und so fort.

Von Amir Chusrau (1253–1325), einem Dichter und Musiker aus Delhi, stammt das Märchen von den drei Prinzen von Serendip – ein aus dem Arabischen oder Persischen stammender Name für das heutige Sri Lanka –, die aus kleinsten Beobachtungen detektivisch weitgehende Schlüsse ziehen. Während der Renaissance gelangte die Geschichte durch den Übersetzer Cristoforo Armeno und den Verleger Michele Tramezzino nach Europa, im 18. Jahrhundert prägte Horace Walpole, seines Zeichens 4. Earl of Orford, Autor des ersten Schauerromans sowie eines bahnbrechenden Werks über die englische Gartenkunst, den Begriff »Serendipity«.

Colin Peter Field, Verantwortlicher der Bar Hemingway des Hôtels Ritz in Paris, soll am Silvesterabend 1994 seinem Stammgast Jean-Louis Constanza den Mix aus Minze, Calvados und Champagner vorgesetzt haben. Der hatte nicht gesucht, aber gefunden – und pries die glückliche Fügung mit dem Ausruf »Serendipity!«. Weder liegen Normandie und Champagne geografisch weit auseinander, noch trennen Calvados und Champagner gustatorisch unüberbrückbare Welten – der Serendipity ist ein französischer Archetypus, sehr naheliegend und doch erst seit wenigen Jahren aktenkundig. Der herbstliche, erdig-ländliche Calvados wird von erfrischender Minze ins Frühlingshaft-Kräuterige emporgehoben, der Champagner steuert großstädtische, ja kosmopolitische Eleganz bei. Und das größte Verdienst des Serendipity: aus dem sträflich vernachlässigten Apfelbrand ein Cocktail-Highlight zu machen.

1 Zweig Minze und 1 cl Calvados in einen Tumbler geben, mit einem Muddler leicht andrücken, mit Eis auffüllen, 1 Apfelscheibe, 2 cl klaren Apfelsaft und 7 cl Champagner dazugeben, vorsichtig umrühren, Minze einstecken. | Calvados & Tonic: 5 cl Calvados in ein Collinsglas mit Eis geben und mit circa 15 cl Tonic Water aufgießen, 1–2 sehr dünne Apfelscheiben auf Tauchgang schicken.

90_Sidecar

Der englisch-französische Turner

Möglicherweise eher den nicht erst seit gestern Volljährigen unter den geneigten Lesern dürften Seitenwagenrennen noch vor Augen stehen. Tollkühne Männer in fliegenden Kisten! Oder, wenn es denn gut ging, ohne Abheben. Der Sozius des Kapitäns nämlich turnte in den Kurven, um das Motorrad samt Beiwagen am Boden zu halten, quer über das Gestänge, lehnte sich mal auf Luv keck heraus, duckte sich mal in Lee in den Windschatten.

David Embury behauptet in »The Fine Art of Mixing Drinks« (1948), ein befreundeter Captain der US-Armee habe den Mix in einem Pariser Bistro erfunden, zu welchem er gewöhnlich in einem Seitenwagen kutschiert worden sei. Don't drink and drive! So gehört es sich! Embury mixt den »Side Car de luxe« aus acht Teilen Cognac oder Armagnac, zwei Teilen Zitronensaft und einem Teil Cointreau oder Triple Sec – die *so called* englische Variante. Die *soi-disant* französische: alle drei Zutaten zu gleichen Teilen. Während der Franzose auf der sauren Seite ist, fokussiert der Engländer den französischen Branntwein. Freilich gab es den Sidecar lange vor Emburys Standardwerk, möglicherweise schon in den 1910er Jahren. Harry MacElhone schreibt ihn im »ABC of Mixing Cocktails« ebenso wie Robert Vermeire in »Cocktails: How to Mix Them« (beide 1922) Malachi »Pat« McGarry, Barkeeper im Londoner Buck's Club, zu.

Das Gespann Cognac und Triple Sec hat einen Platz in den Ruhmeshallen der feinen Kunst des Mischens sicher. Nur über die Acidität ist man sich uneins. Der Witz ist: Wie der Sozius sich auch verbiegt, es funktioniert doch. Heute werden bevorzugt bilinguale Relationen vorgeschlagen: halb französisch, halb englisch – mit, über den Daumen, der absoluten Mehrheit beim Cognac und mehr Triple Sec als Zitrone. Ein Klassiker, der zu Unrecht im Ruf steht, angestaubt zu sein, und eben weil er so turnerisch flexibel ist, immer wieder entdeckt werden kann.

5 cl Cognac, 2,5 cl Triple Sec, 2 cl Zitronensaft auf Eis kurz stehen lassen, damit sich etwas Gletscherwasser bildet, schütteln und doppelt in eine gekühlte Coupette mit Zuckerrand abseihen. | Apple Cart: Applejack oder Calvados statt Cognac. Between the Sheets: die Hälfte des Cognacs durch weißen Rum ersetzen.

91 Singapore Sling

Wie süß!

Ngiam Tong Boon, Barkeeper im Raffles Hotel von Singapur, 1887 im Kolonialstil erbaut, soll den Singapore Sling 1915 erfunden haben. Falls das stimmt, war er sein Vermächtnis, denn noch im selben Jahr soll der Barkeeper auf Heimaturlaub in Hainan, China, verstorben sein – ungeeigneter zur Legendenbildung, aber viel wahrscheinlicher ist freilich, dass der Singapore Sling frühestens in den letzten Jahren des 19. Jahrhunderts und spätestens 1913 das Licht der Welt erblickte. Letztlich ist all das Makulatur, denn Boon galt als Geheimniskrämer, sein Rezept ist nicht erhalten, und erste Niederschriften stammen aus den 1930er Jahren – ob die originale und die heute übliche Mixtur eher eng oder fern verwandt sind, steht in den Sternen. Seinen Vornamen »Singapore« erhielt der Cocktail ebenfalls erst später – er hörte anfangs simpel auf »Gin Sling«, möglicherweise auch auf »Straits Sling«. Und, um die Konfusion komplett zu machen: Der Singapore Sling ist eigentlich nicht einmal ein Sling, denn unter den uralten Begriff fielen einst allein Mischungen aus einer Spirituose, Zucker und Wasser.

Das heutige Raffles-Rezept ist tendenziell etwas für Süßmäuler. Wer es weniger klebrig mag: Erstens sollte Cherry Brandy eigentlich mehr Bitternoten haben und weniger süß sein als Kirschlikör – in der freien Wildbahn gehen beide Begriffe leider durcheinander. Zweitens verfügt frisch gepresster Ananassaft über eine stattliche Säure, die bei Fertigprodukten in den Hintergrund tritt. Und drittens raten viele Rezepte, mehr Gin – sagen wir das Anderthalbfache – und weniger Ananas – die Hälfte bis zwei Drittel – zu verwenden sowie Grenadine ein wenig zu reduzieren. Und last, but not least kann man natürlich auch an der Limettenschraube drehen.

Viele Cocktails verzeihen keine noch so kleinen Messfehler, der Singapore Sling dagegen ist mitunter dankbar für kleine Missverständnisse, die den Zucker in Schach halten.

3 cl Gin, 1,5 cl Cherry Brandy, je 0,75 cl Triple Sec und Bénédictine, 1 cl Grenadine, 12 cl Ananassaft, 1,5 cl Limettensaft, 1 Spritzer Angostura Bitters auf Eis schütteln, doppelt in ein Hurricaneglas mit Eis abseihen, Ananas und Kirsche zur Zierde. | Straits Sling: 4,5 cl Gin, 1,5 cl Cherry Brandy, 1 cl Bénédictine, 2,5 cl Zitronensaft, je 2 Spritzer Orange und Angostura Bitters mit Eis schütteln, doppelt in ein Collinsglas mit Eis abseihen, mit 4–6 cl Mineralwasser aufgießen, mit Zitrone und Maraschinokirsche schmücken.

92__Sloe Gin Silver Fizz

Eiskaltes Schlehenfeuer

Fizzes sind so alt wie die Idee, mehrere Liquide miteinander bekannt zu machen. Schon Stammvater Jerry Thomas rezeptiert 1887, in der dritten Auflage des »Bartender's Guide«, dem ersten aller Cocktailbücher, sechs Drinks mit der Gattungsbezeichnung »Fiz«: mit Rum, Whiskey, Brandy und »Holland Gin« alias Genever als Basis – fünftens und sechstens den Silver und Golden Fiz, beide mit Old Tom Gin plus Eiweiß oder Eigelb. Spirituose, Zucker, Säure sowie ein Schuss Prickelwasser – das klingt so selbstverständlich, dass die Suche nach einem Urheber sinnlos erscheint.

Sloe Gin ist kein Gin, sondern ein Likör auf Basis von Gin, in dem Schlehen mazeriert werden, darf aber, dank seiner jahrhundertelangen Tradition, nach geltendem EU-Recht die Bezeichnung Gin tragen. Der Schlehdorn gehört zur Gattung *Prunus* und also zu den Pflaumen. Die Früchte verfügen über erhebliche Mengen Gerbstoffe, die sie sehr bitter und für den direkten Verzehr unattraktiv machen – für Schlehenlikör macht sie genau das interessant. Ein guter Sloe Gin tariert Schlehenbittere und Likörsüße aus und erinnert ein wenig an Portwein.

Das Grundgerüst des Gin Fizz bewegt sich innerhalb der Proportionen 3:2:1 bis 6:3:2 – Gin zu Zitronensaft zu Zuckersirup. Verwendet man einen Old Tom Gin oder einen Sloe Gin, dann sollte man den Zucker leicht reduzieren. Gin Fizz und Tom Collins werden aus den exakt gleichen Zutaten hergestellt, lediglich das Verhältnis der drei Grundzutaten und des Fillers ist anders – der Gin Fizz wird eher kürzer gehalten, der Tom Collins deutlicher verlängert. Das Mineralwasser macht den Gin Fizz zum glänzenden Erfrischer für den Sommer, und die Kohlensäure harmoniert hervorragend mit Eischnee. Mit Eiweiß wird aus einem Gin Fizz ein Silver Fizz, ein köstlicher Schaum, dem der Sloe Gin ein intrikates, schillerndes Fruchtaroma verleiht – und damit ein eiskaltes Schlehenfeuer entzündet.

6 cl Sloe Gin, 3 cl Zitronensaft, 1 cl Zuckersirup, 1 Eiweiß energisch auf Eis schütteln, nochmals kräftig ohne Eis schütteln, in ein gekühltes Highballglas mit einem großen Eiswürfel geben, mit circa 4 cl Mineralwasser aufgießen. | Japanese Fizz: 4 cl Rye Whiskey, je 2 cl roten Portwein und Zitronensaft, 1 cl Zuckersirup, mixen und aufgießen wie gehabt.

93 Smokers Delight

Rauchzeichen vom U-Boot

Was wäre ein Lexikon oder – üben wir uns in Bescheidenheit – Brevier ohne ein U-Boot? Um ein solches handelt es sich in Enzyklopädien und Lexika bei Artikeln, die sich zwar ernst aufführen, deren namengebende Entität aber schlicht nicht existiert. Mit anderen Worten: Ein U-Boot ist ein Eintrag in einem schlagwortgebundenen wissenschaftlichen oder populären Werk, dem in der Wirklichkeit keine Entsprechung entgegensteht. Aber was soll das sein: die Realität? Niemand, lieber Leser, Sie eingeschlossen, wird mir das verraten können. Schließlich streiten sich im Normalfall ja schon zwei Zeugen eines Straßenverkehrsunfalls, ob das Automobil nun rot, grün oder blau war.

Wie dem auch sei, vorliegender Mix mit dem Arbeitstitel »Smokers Delight« bewirbt sich um die freie Stelle als U-Boot mit Smokers Lounge. Mezcal und Drambuie spielen ihre sehr unterschiedlichen, aber umso besser harmonierenden Rauchnoten aus, der trockene, meersalzige Manzanilla bleibt im Hintergrund, wird aber schmerzlich vermisst, wenn er übergangen wird, Maraschino kontert mit überwältigender Frucht phänomenal den konstituierenden Rauch, viel Zitrone sorgt für klare Säure, Ingwer für subtile Schärfe. Den Ingwersirup sollte man selbst aufsetzen – ein simpler 1:1-Sirup mit gehäckseltem Ingwer, nicht sparsam sein, aber auch nicht übertreiben.

111 Cocktails, die man getrunken haben muss, das sind ganz schön viele. Der Autor dieser Zeilen hat nur 110 gefunden und musste deswegen selbst einen erfinden. Er bekennt sich schuldig, einen Sour formuliert zu haben (vorbehaltlich früherer Rechte), nicht mehr als eine Variation und Interpretation bestehender Rezepte, und es sich damit einfach gemacht zu haben, denn Sours sind überdurchschnittlich pflegeleicht: harter Stoff, gegebenenfalls Likör und Verwandtschaft, Säure/Zucker, Eiweiß macht alles schaumig und schlotzig – ein todsicherer Plan!

4 cl Mezcal, 1,5 cl Drambuie, je 1 cl Maraschino und Sherry (Manzanilla), 4 cl Zitronensaft, 2 cl Ingwersirup, ½ Eiweiß kräftig auf Eis schütteln, nochmals kräftig ohne Eis schütteln, doppelt in einen Tumbler mit einem großen Eiswürfel abseihen. | Illegal: 3 cl Mezcal, je 1,5 cl weißen Rum (Overproof) und Falernum, 0,5 cl Maraschino, 2,25 cl Limettensaft, 1,5 cl Zuckersirup, ¼ Eiweiß, mixen wie gehabt, in eine gekühlte Coupette abseihen.

94_Soyer au Champagne

Prickelt so schön in die Bauchnabel

Alexis Soyer aus Meaux in der Île-de-France im Norden des Landes wurde 1821, gerade einmal elf Jahre alt, zu seinem älteren Bruder in die Hauptstadt geschickt, um eine Lehre als Koch anzutreten. Schon mit 17 Jahren stand er einem Dutzend Köchen vor und bediente den Adel bei großen Banketten. Nach dem Sturz der Bourbonen übersiedelte er nach England, wurde 1837 Maître de Cuisine des Reform Clubs und tischte zur Krönung von Queen Victoria auf. Längst einer der berühmtesten Köche der Insel, verkehrte er in höchsten Kreisen, verwöhnte nicht nur die Royals und Staatsgäste, sondern wurde auch von der Regierung beauftragt, die Große Hungersnot in Irland in den 1840er Jahren mittels Suppenküchen zu bekämpfen.

Soyer wird immer wieder mit der Kreation des Soyer au Champagne in Verbindung gebracht. Es ist beispielsweise gemutmaßt worden, Soyer habe die prickelnde Liaison von Eis und Champagner im »Universal Symposium of all Nations« erfunden – einem Gastro-Tempel auf Zeit, den er 1851 im Gore House eingerichtet hatte, gegenüber dem Hyde Park, wo die erste Weltausstellung statthatte. Jerry Thomas habe auf einer Europareise dort verkehrt und das Rezept in die Staaten mitgenommen. Der war allerdings erst später in Europa, in seinem »Bartenders Guide« findet sich lediglich »Soyer's Gin Punch«, und auch in den Schriften des Meisterkochs selbst sucht man Soyer au Champagne vergeblich.

Der Soyer mag von Soyer stammen oder nicht – der Journalist Bernard Barbuk hat eine ganz andere Vermutung: Soyer komme von *soyeux*, dem französischen Wort für »seidenweich«. Und seidig darf man das aufgespritete, schampusschäumende Eis ganz sicher nennen. Und noch eine Korrektur nimmt Barbuk vor: Champagner verstehe sich mit Sahneeis nur mäßig, urteilt er, dafür aber umso prächtiger mit Frozen Yogurt. Ob Sahne oder Joghurt, so oder so prickelt der seidige Soyer sehr schön in die Bauchnabel.

1 Kugel Vanilleeis (oder Frozen Yogurt) in eine große Coupette geben, antauen lassen, mit je 1,5 cl Cognac, Triple Sec auf Cognac-Basis (Grand Marnier) und Maraschino verrühren und mit kaltem Brut Champagner nach Gusto aufgießen. | Sgroppino: 1 angetaute kleine Kugel Zitronensorbet und 2 cl Wodka gründlich verrühren, über 1 kleine Kugel Zitronensorbet in einer großen Coupette geben, mit Prosecco auffüllen und mit Minze krönen.

95 Suffering Bastard

Shalom vertreibt Rommel

Viele Cocktail-Storys sind Seemannsgarn, gesponnen zum Ruhme dieser oder jener Mixtur, die ohne ihre Geschichte nicht mehr wäre als soundso viel Zentiliter hiervon und davon. Ein Drink, der was werden will, legt sich also besser gleich als später eine Story zu, um nicht nur am Gaumen, sondern auch im Gedächtnis einen bleibenden Eindruck zu hinterlassen. Oder aber er hat eine – möglicherweise – wahre Story, die so verrückt klingt wie die des Suffering Bastard …

Joe Scialom (1910–2004), gesprochen: Shalom, Jude mit italienischen Vorfahren, in al-Mansura, Ägypten, geboren, war zu Beginn des Zweiten Weltkriegs Barkeeper im Shepheard Hotel in Kairo. Als sich die Achsenmächte und die Alliierten zwischen 1940 und 1943 in Nordafrika bekriegten, waren viele Briten in Kairo, aber nur wenige Zutaten für gute Drinks. Scialom klaubte zusammen, was er auftreiben konnte, und mixte, so die Legende, für die durstigen Engländer mit Gin aus Südafrika, Brandy aus Zypern, Ginger Ale von einem griechischen Händler und Bitters aus der Apotheke »The Suffering Bar Stewart«, der erst später zum Suffering Bastard wurde. Nach anderen Berichten hieß er gleich so, weil er als Kater-Killer gedacht war – gegen den vielen schlechten Stoff, den die Briten sonst kippten. Wie dem auch sei, jedenfalls soll der Suffering Bastard ihnen so gut gemundet haben, dass sie die Deutschen unter General Rommel bei El-Alamein vernichtend schlugen.

Die Bastard-Varianten sind Legion – besonders naheliegend mit Bourbon anstelle von Cognac. Und auch Trader Vic hat einen Suffering Bastard im Tiki-Angebot, den er im »Pacific Island Cookbook« (1968) mit zwei Teilen dunklem und einem Teil hellem Rum, dem Saft einer Limette und je einem Schuss Triple Sec, Orgeat und Kandiszuckersirup mixt. Dieser Sufferer wird in Tiki-Bechern serviert – in denen sich später mitunter auch Scialoms Drink wiederfand.

Je 3 cl Gin und Cognac, je 1 cl Lime Juice Cordial (siehe Nummer 41) und Limettensaft (alternativ 1,5 cl Limettensaft und 0,5 cl Zuckersirup), 2 Spritzer Angostura Bitters auf Eis schütteln, circa 5 cl Ginger Ale (oder Ginger Beer) in ein Collinsglas mit Eis geben, dann den Mix sowie nochmals circa 5 cl Ginger Ale, mit Minze garnieren. | Dying Bastard: zusätzlich mit 3 cl Bourbon. Dead Bastard: Dying Bastard zusätzlich mit 3 cl braunem Rum.

96_Swimming Pool

Schulterpolster in Brillantblau FCF

Bartender sind nicht nur, aber auch Hohepriester mit dem Auftrag, der eigenen Zeit den Puls zu fühlen und das Hier und Jetzt durch kulturelle Artefakte – in ihrem Fall: aromatische Liquide – zum Ausdruck zu bringen. Oder anders gesagt: Jeder Cocktail (und Barkeeper) ist ein Kind seiner Zeit. Die vielleicht schrillste Ära, so weit das Cocktail-Gedächtnis zurückreicht, waren die 80er Jahre: Schulterpolster, Dauerwellen und Neonfarben.

Charles Schumann setzte dem Jahrzehnt schon ein Denkmal, als es noch gar nicht begonnen hatte. In München impfte er eine Colada Ende der 70er Jahre mit Blue Curaçao, dem Orangenlikör im blauen Neonlook, der sinnbildlich für das Folgejahrzehnt werden sollte. Doch eigentlich ist das Farbspektakel deutlich älter: Schon in den – ebenfalls schrillen – 50er Jahren kreierte Tiki-Bartender Harry K. Yee den durchaus ähnlichen Blue Hawaii, mit Wodka und/oder Rum, Limetten- und/oder Zitronensaft, jedoch ohne Kokoscreme. Um die Verwirrung komplett zu machen: Der fast identisch heißende Blue Hawaiian ist der Zwilling des Swimming Pool – oder gleich mit ihm identisch, denn die Rezeptur unterscheidet sich, wenn überhaupt, nur darin, dass der pazifische Insulaner auf weißem Rum basiert, während in dem Bassin an der Isar auch Wodka Asyl findet.

Sowohl die beiden Hawaiianer als auch das Münchener Schwimmbecken widmen sich der Erfüllung süßer Gelüste. Warum sie dafür blau leuchten müssen? Nicht aus geschmacklichen, sondern aus niederen Beweggründen: Wie der Bombay Sapphire Gin in der blauen Flasche, noch ein Kind der 80er, glaubt der Swimming Pool (wie auch seine nahen Verwandten), mit seinem blauen Leuchten einen Vorteil beim Buhlen um die Zuneigung der Kundschaft zu haben. Wer auf schönen Schein verzichten kann, greife stattdessen unprätentiös zu farblosem Orangenlikör – »Brillantblau FCF« alias E 133 ist so geschmacklos wie blaue Cocktails.

Je 2 cl Wodka, weißen Rum, Blue Curaçao, Kokoscreme und Sahne, 6 cl Ananassaft auf Eis schütteln, in ein Hurricaneglas mit Eis abseihen, mediterran dekorieren – Papierschirmchen nicht vergessen. | Adios Motherfucker (Twist auf Long Island Iced Tea): Je 1,5 cl Gin, weißen Rum, Tequila, Wodka, Blue Curaçao, Zitronen- und Limettensaft, Zuckersirup (2:1) auf Eis schütteln, doppelt in ein Collinsglas mit Eis abseihen, mit 4–5 cl Zitronen-Limetten-Limonade aufgießen, Limette anbringen.

97_Tequila Sunrise

Wo das Trinken niemals aufhörte

Tijuana, für viele Amerikaner Himmel und Hölle, anziehend und abstoßend, verheißungsvoll und gefährlich zugleich, war nicht immer die Stadt der Sünden. 1889 gegründet, hatte das verschlafene Nest um 1900 gerade einmal 200 Einwohner, um 1920 nicht einmal 2.000. Doch dann änderte sich alles: Unmittelbar nach Inkrafttreten der Prohibition entfaltete das Örtchen an der Grenze zu Kalifornien umgehend seine magische Anziehungskraft und wurde binnen kürzester Zeit zum Sündenbabel. Nur ein paar Kilometer nördlich waren Glücksspiel, Pferderennen und leckere Getränke verboten, also hatten clevere US-Amerikaner schon 1919 die geschäftstüchtige Idee, eine Autobahn zur Grenze zu bauen – einen wahrhaftigen »Highway to Hell«.

Tijuana explodierte förmlich. Bars, Hotels und Vergnügungsetablissements schossen wie Pilze aus dem Boden. 1928 eröffnete das Agua Caliente Casino and Hotel seine Tore, ein Jahr später die hoteleigene Pferderennbahn. Eine Broschüre des luxuriösen Resorts wirbt 1930 unter dem Motto »Where drinking never ceased« mit einem Cocktail namens »Sunrise Tequila«, um ein paar Seiten später zu empfehlen: »Ask for Tequila Sunrise«. Und sie alle kamen und fragten: Jean Harlow und Charlie Chaplin, Jack Dempsey und Al Capone, Gloria Swanson und Clark Gable.

Ob der spätestens zwischen 1928 und 1930 und allem Anschein nach im Agua Caliente erfundene Tequila Sunrise ein Collins oder Fizz ist, das sollen andere entscheiden – eine herrliche Erfrischung nicht nur unter der brennenden Sonne Mexikos ist er allemal. Der Tequila Sunrise, wie er seit den 1970er Jahren gang und gäbe ist, behält lediglich Tequila und Grenadine bei, während überwältigende Mengen Orangensaft die Strahlkraft der Sonne verkörpern. Deutlich moderner ist freilich das Original aus den späten 1920er Jahren, das glatt auch eine Kreation der Cocktail-Renaissance des 21. Jahrhunderts sein könnte.

4,5 cl Tequila, 1,5 cl Limettensaft, 0,75 cl Grenadine, 0,25 cl Crème de Cassis, 2 Eiswürfel (in exakt dieser Reihenfolge, befiehlt die Broschüre des Agua Caliente) in ein Highballglas geben, mit Mineralwasser auffüllen (besser: 3 große Eiswürfel, 2 cl Crème de Cassis, 1 cl Grenadine, 2,5 cl Limettensaft, 5 cl Tequila in exakt dieser Reihenfolge in ein Highballglas geben, mit 6–7 cl Mineralwasser auffüllen). | Tequila Sunrise (1970er Jahre): 1,5 cl Grenadine in ein Collinsglas mit Eis geben, 4,5 cl Tequila und 9 cl Orangensaft auf Eis schütteln, vorsichtig ins Glas gießen – und die Sonne geht auf.

98 The Good The Bad And The Ugly

Das Kiwi-Greenhorn

Im Jahr 2012 begann eine kulinarisch-mixologische Erfolgsgeschichte: Ollie Dabbous hatte die Kochkunst unter anderem im legendären spanischen Mugaritz bei Andoni Luis Aduriz gelernt. Der Schwede Oskar Kinberg war bis 2012 Barmanager im Cuckoo Club in Mayfair gewesen. Beide waren mehr als bereit, unter eigenem Namen in den Ring zu steigen. Das »Dabbous« war ein sofortiger Erfolg, ebenso wie »Oskar's Bar« unter dem Restaurant. 2014 veröffentlichte Dabbous »The Cookbook«, in dem er seine Vorstellung von extrem frischer Küche präsentierte, 2016 zog Kinberg mit dem »Cocktail Cookbook« nach, in dem er sich von der Kochkunst, insbesondere jener aus dem Stockwerk über der Bar, inspirieren ließ.

2018 begann das Duo ein neues Projekt: das Hide direkt am Green Park – mit der bewährten Aufteilung: exzellente Küche auf den Ebenen »Ground« und »Above«, exquisite Drinks in der »Bar Below«. Dabbous hat den Blick auf den Green Park als Inspiration genannt, um seine Kochkunst noch grüner, organischer und natürlicher zu gestalten. Und das Nämliche gilt für Kinbergs Cocktails, sehr häufig mit frischen Zutaten, von Banane über Birne bis Rhabarber, von Tomate über Olive bis Lavendel. Und oft mit ausgesprochen grünen Zutaten: Avocado, Erbsen, Gurke, Lorbeer, Salbei, Trauben.

Ebenfalls extrem grün: die Kiwi, der Kinberg eine Serie von Cocktails gewidmet hat, benannt nach berühmten Western. »The Good The Bad And The Ugly« ist weder böse noch hässlich, sondern durch und durch gut. Grüne Kiwi und grüne Minze ergänzen sich phantastisch, Orgeat steuert eine minimale, raffinierte Süße bei, Eischnee und Kohlensäure erzeugen eine schaumig-prickelnde Textur. Der Westerner ist mild, subtil, frisch, federleicht, sommerlich, kurz: ein echtes Greenhorn.

1 geschälte und geviertelte Kiwi, circa 10 Blätter Minze, 2,25 cl Zitronensaft, 1,5 cl Orgeat im Shaker zerstoßen, mit 6 cl Gin und 1 Eiweiß kompromisslos erst auf Eis, dann ohne Eis schütteln, in ein großes Glas mit Eis abseihen, mit Mineralwasser auffüllen und mit Kiwi und Minze begrünen. | A Fistfull of Dollars (Oskar Kinberg): 1 geschälte und geviertelte Kiwi, 1 cl Limettensaft, 2,25 cl Mädesüßsirup (Mädesüß ist ein beliebtes Gin-Botanical – unter den gängigen Sirups könnte Holunder erste Ersatzwahl sein) im Shaker zerstoßen, mit 6 cl Cachaça auf Eis schütteln und doppelt in eine gekühlte Coupette abseihen.

99_Tipperary

Der lange Weg zur Großen Kartause

Es ist bekanntlich ein langer Weg nach Tipperary. Das berühmte Lied aus der Feder des Varieté-Sängers Jack Judge stammt aus den Jahren vor dem Ersten Weltkrieg und wurde in selbigem ein marschmusikalischer Gassenhauer, den die britischen Soldaten um die Wette schmetterten, um sich Mut anzusingen. Tipperary ist eine irische Kleinstadt, aus der im Lied ein Paddy nach London zieht, dem Lockruf der Großstadt folgend. Zügig sehnt er sich nach seiner Molly zurück und wird vom Heimweh gepackt. Jack Judge konnte ein Lied davon singen, zwar wurde er in den englischen West Midlands geboren, doch seine Eltern waren Iren, und seine Großeltern stammten aus der Gegend von Tipperary.

Da Irish Whiskey die Hauptzutat des Cocktails ist, darf er Tipperary heißen. Begleitet wird er allerdings vom Halbfranzosen Wermut und dem Vollfranzosen Chartreuse. Auch das scheint »It's a Long Way to Tipperary« – uraufgeführt 1912 – bereits zu ahnen, denn zu seinen Parolen gehören »Auf Wiedersehen, England!« und »Hurra an die Franzosen!«. Im – erstmals 1916 von Hugo Ensslin rezeptierten – Cocktail spielt nicht Whiskey die erste Geige, sondern der Kräuterlikör Chartreuse aus der Großen Kartause. Und dahin ist es erst recht weit! In den Bergen oberhalb von Grenoble zimmerte Bruno von Köln, Gründer des Kartäuserordens und Verfechter der Weltabkehr, 1084 mit sechs Followern eine Einsiedelei, die mit den Jahrhunderten zum Großkloster anwuchs. 1605 gerieten die Mönche an ein Rezept für ein »Elixier des langen Lebens«, das freilich erst 1737 in die Praxis umgesetzt und 1764 in einer milderen Variante relauncht wurde. Heute ist der gelbe Chartreuse der mildere Bruder, der grüne kräuterheftiger. Angeblich 130 Kräuter verleihen ihm seinen leuchtenden ABC-Waffen-Teint und den wuchtigen Punch. Er dominiert den Tipperary deutlich, der nicht beleidigt tun kann, heißt man ihn einen Manhattan mit Kräuterkick.

5 cl Irish Whiskey, 2,5 cl roten Wermut, 1,5 cl Chartreuse Verte, 2 Spritzer Angostura Bitters kaltrühren, in eine gekühlte Coupette abseihen, eine Orangenspirale einlegen. | Tipperary No. 2 (David Embury, »The Fine Art of Mixing Drinks«, 1948): Circa 10 Blätter Minze mit je 0,5 cl Orangensaft und Grenadine im Shaker zerstoßen, mit 6 cl Gin, 2 cl weißem Wermut auf zerstoßenem Eis schütteln, doppelt in eine gekühlte Coupette abseihen, mit Minze servieren.

100_Tommy's Margarita

Ohne Salzrand und Curaçao-Früchtchen

Tequila, Triple Sec, Limette – so lautet die Dreifaltigkeit der Margarita. Die »International Bartenders Association« rechnet sie zu den »Contemporary Classics« und nennt die Relation 10:4:3. Doch die Margarita ist als Drink unterverstanden und missinterpretiert – richtiger wäre, sie als Prinzip zu begreifen, das eine Großfamilie von Mixturen unter einen Sombrero bringt. Variierende Relationen, Mezcal statt Tequila, Frozen Margaritas, ausgedehnte Zutatenlisten, mit anderen Likören, zusätzlichen Zuckerquellen, dieser oder jener Extrawürze, ergänzenden Spirituosen oder allen nur erdenklichen Vitaminquellen, von Ananas über Erdbeere bis Passionsfrucht ... Die Margarita ist ein expansives Prinzip, das Schnörkel nicht nur zulässt, sondern vielmehr anreizt.

Als die Margarita in den 1930er Jahren die ersten Male schwarz auf weiß dokumentiert wurde, hieß sie Tequila Daisy, Picador oder Tequila Sour. Vom eigentlichen, eng gefassten Sour-Begriff hatte sie sich da aber schon gelöst, insofern man darunter versteht: Spirituose plus Zitrus plus Zucker, denn schließlich tritt an letztere Stelle Triple Sec respektive Curaçao. Zudem trägt die Margarita von Anbeginn ihren typischen, notorisch zu dick aufgetragenen Salzkragen.

Tommy's Margarita stammt von Julio Bermejo, der ihn Ende der 1980er Jahre im elterlichen Tommy's Mexican Restaurant in San Francisco erstmals gemixt hat. Er verzichtete sowohl auf den Salzrand als auch auf Triple Sec, den er, wie einleuchtend, durch Agavensirup ersetzte. Tommy's Version ist also keine weitere Expansion, sondern eine Kontraktion, eine Rückbesinnung auf die Sour-Quellen. Die puristische Margarita trat einen Siegeszug um den Cocktailglobus an, machte das Lokal zum Tequila-Mekka, ist ein »New Era Drink« der »International Bartenders Association« und belegt eindrucksvoll, dass das Einfache und Naheliegende mitunter das Beste und Delikateste ist.

6 cl Tequila, 3 cl Limettensaft, 1,5 cl Agavensirup auf Eis schütteln, doppelt in einen gekühlten Tumbler mit Eis abseihen, mit Limette anrichten. | Blood Orange Margarita (Ben Davidson, 2000): 4,5 cl Blanco Tequila, 2,25 cl Triple Sec, 0,75 italienischen roten Bitterlikör (Campari), je 2,25 cl Blutorangen- und Limettensaft, 0,75 cl Zuckersirup auf Eis schütteln, in einen gekühlten Tumbler mit halbem Salzrand und einem großen Eiswürfel geben, Blutorange als Garnitur.

101 Toronto

Der Muckensturm überm Ahornbaum

Über Louis Muckensturm kann man nicht viel sagen, weil nicht viel über ihn bekannt ist. Aber dass er den schönsten Namen mindestens der Cocktailgeschichte trägt, wird man doch behaupten dürfen. 1877 geboren und sicherlich in der Zwischenzeit verstorben, schrieb er zwei Kochbücher, eins »für alle Frauen«, das andere über die Tricks, Kniffe und Tücken von Büfetts, sowie 1906 die Cocktailsammlung »Louis' Mixed Drinks«, in der er den »Marine Cocktail« mit Fernet sowie Rock and Rye (ein Likör aus Rye Whiskey und Kandiszucker) mixt und mit Orangenschale garniert.

Über Robert Vermeire ist ebenfalls erstaunlich wenig bekannt, obwohl er zu den wichtigsten Mixologen der Zwischenkriegszeit gehört. Zu Beginn der 1920er Jahre arbeitete der Belgier sehr erfolgreich in London, aber gerade als er 1922 sein noch heute hoch angesehenes Buch »Cocktails: How to Mix Them« veröffentlichte, zog es ihn zurück in die Heimat, und er eröffnete im beschaulichen Knokke Robert's Bar. Vermeire mixt den »Fernet Cocktail« aus Fernet, Cognac oder Rye Whiskey und Angostura Bitters. Erst William Boothby nennt die nämliche Kombination in »World Drinks And How To Mix Them« von 1930 Toronto, möglicherweise weil er bei Vermeire gelesen hatte, der Drink werde »in Toronto sehr geschätzt«.

Die Kanadisierung des Toronto erfolgte allerdings später. Während anfangs Rye Whiskey Verwendung fand, wird heute zumeist der mildere Canadian Whisky angegeben. Und während ursprünglich einfach Zuckersirup den süßen Part übernahm, ist es heute mindestens brauner Demerara-Sirup, wenn nicht Ahornsirup, das kanadischste aller Süßungsmittel, der perfekt mit Whisky und Fernet harmoniert. Letzterer ist freilich der Chef im Shaker. Der Mailänder Kräuterbitter mit seiner erdigen Lakritze prägt das vielschichtige Aroma zwischen Minze, Schokolade und Orange und macht aus dem Toronto einen delikaten Whisky-Cocktail.

6 cl Canadian Whisky, 1 cl Fernet, 0,5 cl Ahornsirup, 2 Spritzer Angostura Bitters auf Eis kaltrühren, in eine gekühlte Coupette abseihen, mit Orangenschale parfümieren. | Montréal: Je 2,5 cl Gin, Rye Whiskey, roten Aperitiflikör (Aperol), Enzianlikör (Suze) auf Eis schütteln, in ein gekühltes Likörglas abseihen.

102 Trident

Die Komplettprothese

Robert Hess ist Fachmann für Einsen und Nullen. Allerdings nicht unbedingt mit informatischer, sondern mit theologischer Expertise, denn er ist »Technology Evangelist« und predigt die frohe Botschaft des Digitalen. Und Hess hat ein Faible: die analoge Kunst der Mischgetränke. Seit den späten 1990er Jahren, als das Internet die Kinderschuhe abstreifte, hat sich der Wandler zwischen den Welten vielfach um die frohe Botschaft der Liquide verdient gemacht: mit dem Blog »Drink Boy«, dem »Museum of the American Cocktail« in New Orleans, dem Videokanal »The Cocktail Spirit«, dem Buch »The Essential Bartender's Guide«, der Gründung der »Chanticleer Society«, einer weltweiten Organisation für Cocktail-Enthusiasten.

Hess interessierte sich immer schon für klassische Cocktails und ihre Variationsmöglichkeiten. Und zweitens, wie er sich selbst ausdrückt, für obskure Zutaten. Um die Jahrtausendwende entdeckte er Peach Bitters von den Fee Brothers aus Rochester und nahm sich vor, mit dem mandelaromatischen Fruchtbitter etwas anzustellen. Er kam auf den ultramegaklassischen Negroni (siehe Nummer 66), in dem er zunächst Gin durch Aquavit ersetzte. Im zweiten Schritt flog Campari raus und machte Platz für Cynar, den Amaro aus Artischocken. Und drittens musste auch der rote Wermut dran glauben, dessen Platz trockener Sherry einnahm. Damit war die Austreibung des Negronis aus dem Negroni perfekt – keine Teilamputation, sondern eine Komplettprothese. Und doch bleibt sein Charakter, das in Spiralen vibrierende Spiel zwischen Bittere und Kräutern, erhalten, in einer allerdings knochentrockenen Version. Der Name Trident spielt übrigens auf drei große Seefahrernationen an: die Spanische Armada (Sherry), die italienischen Entdecker Amerikas (Cynar) und die skandinavischen Wikinger (Aquavit), weswegen der maritime, leicht meersalzige Manzanillo die richtige Wahl ist.

Je 3 cl Aquavit, Artischockenbitter (Cynar), Sherry (Manzanillo) und 2 Spritzer Peach Bitters auf Eis kaltrühren, in eine gekühlte Coupette abseihen, mit Zitronenschale parfümieren und garnieren. | Hvit (Florian Geschka, Theresa Bar, München): 4,5 cl Linie Aquavit Double Cask Port, 3 cl Cocchi Americano, 2 cl Suze (Enzianlikör) auf Eis kaltrühren, in einen gekühlten Tumbler mit einem großen Eiswürfel abseihen, mit Orangenzeste verzieren.

103_Trinidad Sour

Das Unvorstellbare

Bitters sind das Salz in der Cocktailsuppe. Einen Spritzer, zwei oder drei, mehr würde doch niemand ernsthaft … oder?

»Angostura Aromatic Bitters« ist die Erfindung von Johann Gottlieb Benjamin Siegert aus Niederschlesien, der 1820 im venezolanischen Angostura Regimentsarzt des Freiheitskämpfers Simón Bolívar wurde. In der berüchtigten »Seuchenhölle« am Orinoco litt Siegert umgehend unter Tropenkrankheiten und entwickelte prompt ein stärkendes Tonikum, das freilich als Cocktailzutat Karriere machte. Als es Mitte der 1870er Jahre zu politischen Unruhen kam, verlagerten seine Söhne die Produktion von Angostura, das 1846 in Ciudad Bolívar umbenannt worden war, nach Trinidad, wo die Firma bis heute den bekanntesten Cocktailbitter nach Siegerts Geheimrezept von 1824 herstellt.

Enzianwurzel, Galgant, Angelika, Macis, Süßholz, Gewürznelke, Tonkabohne, Chinarinde gelten als Zutaten, während Angosturarinde *(Angostura trifoliata)* im Originalrezept ausdrücklich nicht verwendet wird, wohl aber von Nachahmerprodukten. O. H. Byron rezeptiert 1884 im »Modern Bartenders' Guide« mit Angosturarinde, Kamille, Kardamom, Zimt, Bitterorangenschale und Rosinen.

Zwei, drei Tröpfchen Angostura zu viel haben schon so manchen Drink ruiniert. Unvorstellbar, aber wahr: Man kann den Spieß umdrehen und den schwarzen Starkbitter zur Cocktailbasis machen. Der gelungenste Versuch stammt von Giuseppe Gonzalez vom Clover Club in Brooklyn, der 2009 den »Trinidad Especial« variierte. Der sonst so dominante Mandelsirup Orgeat tritt bis zur Unkenntlichkeit in den Hintergrund und macht den hoch dosierten Angostura nicht nur genießbar, sondern zum Genuss, die Säure der Zitrone trägt das Ihre bei. Keine Angst vor dem Trinidad Sour, der kein Novelty-Nonsens ist, sondern wirklich lecker. Ein schaumgeborener Hustensaft, wie man ihn sich in den bittersüßesten Fieberträumen nicht ausmalen kann.

4,5 cl Angostura Bitters, 1,5 cl Rye Whiskey, 3 cl Orgeat, 2,25 cl Zitronensaft auf Eis schütteln und doppelt in ein gekühltes Likörglas abseihen. | Trinidad Especial (Valentino Bolognese): 3 cl Angostura Bitters, 1 cl Pisco, 3 cl Orgeat, 2 cl Limettensaft, mixen wie gehabt.

104_Tuxedo

Der andere Martini

Pierre Lorillard IV. stammte aus gutem Hause, nämlich jenem der Lorillard Tobacco Company, die Pierre Lorillard der Erste 1760 gegründet hatte. Zu seinem Erbe gehörten gut 50 Quadratkilometer rund um den Tuxedo Lake in den Ramapo Mountains, damals noch beinahe unberührte Wildnis, in der allenfalls Delawaren, Algonkin und Irokesen auf die Jagd gingen. Nur ein paar Kilometer südlich gab es dagegen kaum noch Natur: New York hatte schon in den 1850er Jahren als erste US-Stadt die magische Grenze von einer Million Einwohnern überschritten, immer mehr Kamine rauchten, immer mehr Industrie verpestete und verlärmte den immer größeren Apfel, in dem es zugleich immer enger und ungemütlicher wurde. Die Menschen suchten Regeneration in der Natur, also ließ Lorillard 1886 an seinem See einen exklusiven Country Club bauen, einen Rückzugsort für New Yorker, die es sich leisten konnten: den Tuxedo Club.

Old Tom Gin, Wermut, Orangenlikör, Sirup, Bitters – der Martini (siehe Nummer 58) in der zweiten Auflage des »Bartenders' Manual« (1888) von Harry Johnson hatte beachtliche Zuckerquellen und musste für den Welterfolg erst mal trockengelegt werden. Der Tuxedo taucht erstmals in der dritten Auflage von Johnsons Standardwerk im Jahr 1900 auf und ist seinem Schwippschwager voraus: Zwar steuern Old Tom und ein paar Tropfen Maraschino homöopathisch Süße bei, allerdings ist das Resultat staubtrocken – jedenfalls mit heutigem Old Tom.

Mit den Pierre Lorillards teilt der Tuxedo das Schicksal der Nummerierung. Bisweilen wird Sherry neben Gin und Wermut zum Dritten im Bunde, zumeist geht es aber um die Proportionen der Würze von Maraschino, Absinth und Orange Bitters, zu denen sich mitunter tröpfchenweise Angostura gesellt. Der Tuxedo ist das Gegenteil eines heutigen Neo-Martinis oder Alternatinis, nämlich die Umsetzung der ursprünglichen Martini-Idee mit geringfügig anderen Mitteln.

Je 4 cl Old Tom Gin und trockenen Wermut, je 1–2 Spritzer Maraschino und Absinth, 2–3 Spritzer Orange Bitters auf Eis kaltrühren, in ein gefrostetes Likörglas abseihen, mit Zitronenzeste und Kirsche arrondieren. | Tuxedo No. 3 (Paul E. Lowe, »Drinks as they are Mixed«, 1904): 3 cl Old Tom Gin, 2 cl weißer Wermut, 0,5 cl Sherry, 1 Spritzer Angostura Bitters, mixen wie gehabt.

105 Twentieth Century

Tuck, Tuck, Tuck, die Eisenbahn

Daniel Nicolas Thévenon floh 1863 vor seinen Gläubigern aus Paris nach London – er hatte für einen Verwandten gebürgt und konnte die Suppe nicht auslöffeln. Zwei Jahre später eröffnete er ein Restaurant am Piccadilly Circus, kurz darauf das Café Royal auf der Regent Street, in dem die Schönen, Mächtigen und Künstler verkehrten, von Oscar Wilde bis Mick Jagger, von Virginia Woolf bis Prinzessin Diana, von Winston Churchill bis Liz Taylor. In der Zwischenkriegszeit war William J. Tarling Barkeeper im Royal. 1933 gründete er mit Harry Craddock vom Savoy die »United Kingdom Bartenders Guild« – ab 1951 war er der erste Präsident der »International Bartenders Association«. 1937, zur Krönung von Georg VI., gab er das »Cafe Royal Cocktail Book« heraus, welches das erste Rezept für den Twentieth Century enthält.

Tarling schreibt den Jahrhundert-Cocktail Charles A. Tuck zu, der im Semiramis in Kairo sowie in Bars in ganz Europa den Shaker geschwungen hat, vor allem jedoch in London: im Carlton unweit des Trafalgar Square, im Hyde Park Hotel, im Flemings in Mayfair und – ab 1950 – im Piccadilly Hotel. In »Cocktails and Mixed Drinks« (1967) bereitet er den Twentieth Century mit zwei Teilen Gin und je einem Teil Crème de Cacao, Lillet und Zitrone.

Die Kombination von Kakao und Zitrone funktioniert erstaunlich gut, sicherlich auch, weil sie von Lillet befriedet wird. Allerdings hat Tuck Kina Lillet verwendet, der deutlich bitterer war als der heutige Lillet Blanc – man kann versuchen, halb durch Quinquina oder ganz durch Cocchi Americano zu ersetzen oder mit ein paar Spritzern Chocolate Bitters oder Tröpfchen Tonic-Sirup nachzuwürzen. Der Twentieth Century soll übrigens nicht nach dem gleichnamigen Jahrhundert benannt worden sein, sondern nach dem »20th Century«, einem der berühmtesten Schnellzüge der Geschichte, der zwischen 1902 und 1967 Chicago und New York verband.

4 cl Gin, je 2 cl Lillet, Crème de Cacao (weiß/klar) und Zitronensaft mit zerstoßenem Eis schütteln, doppelt in eine gekühlte Coupette abseihen, mit Zitronenschale parfümieren und garnieren. | 21st Century: 6 cl Tequila, je 2,25 cl Crème de Cacao und Zitronensaft auf Eis schütteln, doppelt in eine gekühlte, mit 0,5 cl Absinth benetzte Coupette abseihen.

106_VE.N.TO

Kecker Kamilletrester

Die 1951 gegründete »International Bartenders Association« hat erstmals 1961 einen Kanon der »Official IBA Cocktails« zusammengestellt, der aktuell 33 »Unforgettables«, 31 »Contemporary Classics« und 26 »New Era Drinks« umfasst. Seit der letzten Überarbeitung 2020 findet sich in der Liste ein Cocktail auf Basis von Grappa – erstmals.

Der neukecke Name VE.N.TO rekurriert offensichtlich auf Venetien, Trentino und Friaul-Julisch-Venetien, neben Piemont, Lombardei und Südtirol *die* Grappa-Regionen. Allem Anschein nach wurde der VE.N.TO erst 2019 von Samuele Ambrosi, Mitbegründer der Bar Cloakroom Cocktail Lab in Treviso in Venetien, kreiert. Oder, besser gesagt, adaptiert, denn Ambrosi griff auf ein Rezept von Leonardo Veronesi, Eigentümer der Rivabar in Riva del Garda an der Nordspitze des Lago di Garda, zurück.

Für den VE.N.TO wird zuweilen ausdrücklich »weißer« Grappa angegeben, denn schließlich gibt es auch blassgelben, dessen Teint etwa von Kastanienholzfässern herrührt. Allerdings dürfte es weitaus wichtiger sein, einen guten als einen klaren Grappa zu verwenden. »Liquore di Camomilla« – in der Regel auf Basis von Grappa – ist eine weitere durch und durch italienische Zutat, die einem jenseits des Landes, wo die Zitronen blühen, nicht auf Schritt und Tritt begegnet, aber nicht außer Reichweite liegt. Runny Honey schließlich ist nichts als verflüssigter Honig – dafür einfach zähflüssigen, aromatischen Honig mit der gleichen Menge heißem Wasser verdünnen. Oder, um die Aromatik noch intensiver zu gestalten, mit Kamillentee.

Der VE.N.TO ist ein eleganter Grappa Sour mit den feinbitteren Noten der Kamille, der nicht auf Pomp, Glanz und Gloria, sondern auf Subtilität, Raffinesse und Understatement setzt. Und obwohl es das eigentlich gar nicht geben müsste, ist er ein gutes Argument dafür, den italienischen Tresterbrand ins Cocktailherz zu schließen.

4,5 cl Grappa, 1,5 cl Kamillenlikör, je 2,25 cl Runny Honey (mit Kamillentee) und Zitronensaft, ¼ Eiweiß kräftig auf Eis schütteln, nochmals kräftig ohne Eis schütteln, in eine gekühlte Coupette abseihen, mit Zitronenschale und weißen Trauben anrichten. | Sicily: 4 cl Grappa, je 1,5 cl Zitronensaft und Limoncello, 2 cl Blutorangensirup, circa 10 Blätter Basilikum auf zerstoßenem Eis schütteln, in ein Highballglas mit Eis geben, mit circa 6 cl Ginger Beer aufgießen, mit Basilikum und Limette garnieren.

107_Vieux Carré

Vier Umdrehungen pro Stunde

Um 1880 wanderte Antonio Monteleone nach New Orleans aus. Schon in der alten Heimat waren italienische Schuhe seine Profession gewesen, und auch in der Neuen Welt kümmerte der Sizilianer sich zunächst um Sanda- und Stiefeletten. Und zwar so erfolgreich, dass er schon sechs Jahre später in der Lage war, ein Hotel mit 64 Zimmern im Vieux Carré, im French Quarter von New Orleans, käuflich zu erwerben. Heute ist das Hotel im Beaux-Arts-Stil freilich viel größer – aber in fünfter Generation immer noch in Familienbesitz.

Die hauseigene Carousel Piano Bar & Lounge, die nicht nur so heißt, sondern tatsächlich ein Karussell zu bieten hat, das sich um die eigene Achse dreht, allerdings in trinkfreundlicher Geschwindigkeit, nämlich mit vier Umdrehungen pro Stunde, ist das Epizentrum des Vieux Carré, auch des berühmten Viertels, vor allem aber des gleichnamigen Drinks. Letzterer wurde im Hotel erfunden, nicht aber in der 1949 eröffneten Carousel Bar, sondern mindestens zwölf Jahre vorher von Walter Bergeron, denn schon 1937 finden der Drink und sein Schöpfer Erwähnung in Stanley Clisby Arthurs »Famous New Orleans Drinks«.

Es vermag nicht zu verwundern, dass der Vieux Carré aus dem Vieux Carré, abgesehen vom notorischen Whiskey, durch und durch französisch ist: Cognac, Vermouth, Bénédictine und Peychaud's Bitters, benannt nach Antoine Amédée Peychaud, der 85 Jahre vor Monteleone nach New Orleans gekommen war. Der Vieux Carré ist mehr oder weniger eng verwandt mit einer Reihe ultraklassischer Shortdrinks auf Basis von Whiskey: Er ist, fast überflüssig zu sagen, ein frankophoner und frankophiler Abkömmling des Old Fashioned; ein Schwippschwager des Manhattan, mit dem er den Schwermut des Wermuts teilt; und ein Enkel des Sazerac, der ebenfalls aus New Orleans stammt und mit dem er Roggenwhiskey, Cognac und Peychaud's Bitters gemein hat (siehe Nummern 68, 73, 87).

3 cl Rye Whiskey, 3 cl Cognac, 3 cl roten Wermut, 0,5 cl Bénédictine, 2 Spritzer Peychaud's Bitters auf Eis ausdauernd kaltrühren, in einen Tumbler mit einem großen Eiswürfel abseihen, mit Maraschinokirschen reichen. | Bywater (Chris Hannah, Arnaud's French 75, New Orleans, 2007): 5 cl braunen Rum, 2,25 cl Averna, 1,5 cl Chartreuse Verte, 0,75 cl Falernum, je 2 Spritzer Peychaud's und Orange Bitters kaltrühren, in eine gekühlte Coupette abseihen und mit Maraschinokirschen schmücken.

108_Whiskey Sour

Die Bändigung der Säurespitzen

Den König der Sours gibt es in unterschiedlicher Komplexität und diversen Eskalationsstufen. Sein Prinzip lautet: Whiskey plus Säure plus Zucker. So weit, so simpel. Für die Feinjustierung an den Stellschrauben drehen, um Säure und Süße ideal auszutarieren. Was sich so einfach anhört, erweist sich in der Praxis als Milliliterarbeit – mitunter landet man knapp neben dem schmalen Korridor, in dem der Whiskey Sour harmonisch sich fügt.

Die Varianten und Filiationen des Whiskey Sour sind mannigfaltig. Zur Erhöhung der Komplexität eignet sich Wein: Floatet man in den Mix einen Schluck tanninhaltigen Rotwein, dann spricht man von einem »New York Sour«, verwendet man stattdessen Portwein, dann findet sich ein »Continental Sour« im Glas. Logisch, dass man in beiden Fällen die Zuckerzufuhr anpassen muss. Üblicher als roter Wein ist die Ergänzung um das Weiße vom Ei, das die Säurespitzen rund macht und jedem Sour, nicht nur mit Whiskey, eine samtige Textur verleiht. Für eine perfekte Schaumschicht: unbedingt zweimal ausführlich shaken – einmal mit, einmal ohne Eis. Es empfiehlt sich zudem, sowohl im Shaker als auch im Glas große Eiswürfel ins Rennen zu schicken. »Boston Sour« lautet der Zweitname des Whiskey Sour, wenn Eiweiß ins Spiel kommt. Und natürlich hat auch die Variante, die Eiklar und Rotwein unter einen Hut bringt, einen eigenen Namen: der »Greenwich Sour«.

Über das kleine Einmaleins des Whiskey Sour hinaus sind der Phantasie natürlich keine Grenzen gesetzt: ob Orangensaft, Apricot Brandy oder Absinth – erlaubt ist, was dem Gaumen schmeichelt. Dabei sollte man freilich das Wesentliche nicht vergessen: die Wahl des Whiskeys. Ob man einen süßlichen Bourbon oder einen würzigeren Roggenwhiskey nimmt, macht einen Unterschied. Erst recht völlig anders mundet der Sour, wenn man zu Scotch, vielleicht sogar zu einem torfig-rauchigen Islay Whisky greift.

6 cl Bourbon, je 2,5 cl Zitronensaft und Zuckersirup, 2–3 Spritzer Angostura Bitters, ½ Eiweiß kräftig auf Eis schütteln, nochmals kräftig ohne Eis schütteln, in einen Tumbler mit einem großen Eiswürfel abseihen, mit einem Feigenviertel arrondieren. | New York Sour: 6 cl Bourbon, 2,5 cl Zitronensaft, 2 cl Zuckersirup, ½ Eiweiß, 1,5 cl kräftigen Rotwein floaten. Continental Sour: 6 cl Bourbon, 2,5 cl Zitronensaft, 1,5 cl Zuckersirup, ½ Eiweiß, 1 cl Portwein floaten. Scotch Sour: 6 cl Scotch, je 2,5 cl Zitronensaft und Zuckersirup, ½ Eiweiß.

109 White Russian

Die Bowling-Odyssee

»Ganz weit draußen, im Westen, da gab's mal 'nen Typen, von dem ich euch erzählen will.« Und das ist der »Dude«. Der Zuschauer lernt ihn kennen, als er in Bermudas, Badelatschen und Bademantel nachts in einem 24/7-Supermarkt eine Packung »Half-and-Half Cream« – ein hierzulande unbekannter Zwitter aus Milch und Sahne – für 0,69 Dollar mangels Bargeld mit einem Scheck käuflich erwirbt. Denn Lebowski, wie unser Held – Sie, lieber Leser, wissen es längst – heißt, braucht Nachschub, um seinen Bart ordnungsgemäß einschlabbern und vollsabbern zu können.

Ein Black Russian ist die simple Paarung von Wodka und Kaffeelikör im Verhältnis drei zu eins oder fünf zu zwei. Zack, ist der Russe schwarz. Zum White Russian wird er durchs Topping mit sämigem Schlagobers. Wem dabei Blackfacing und Whitewashing in den Sinn kommen, für den sei ergänzt: Der White Russian wird mitunter auch »Belarusian« genannt, wozu man im Althochdeutschen möglicherweise »Weißrusse« gesagt hätte. Und dass Jeff Lebowski mitunter einen »Kaukasier« bestellt, um einen White Russian serviert zu bekommen.

Bevor wir uns in den Untiefen ethnischer Zuschreibungen – oder, besser gesagt, in ihrer ironischen Destillation zu hoher Kunst – verlieren, zurück nach Kalifornien: Auf der Bowling-Odyssee firmiert der White Russian als beredter Running Gag: Lebowski mixt ihn provokativ gegen alle Regeln der Kunst. Mit fettreduzierter Sahne, selbstredend nicht sämig geschlagen, oder gar mit Milchpulver, und alles, es soll ja nicht in Arbeit ausarten, on the rocks. Das klingt und ist lustig, aber es gehört zur Chronistenpflicht, davor zu warnen. Damit der White Russian nicht nach ausgelutschten Bowlingschuhen schmeckt, sollten sowohl die Zutaten als auch das Glas gut gekühlt und die Sahne halbfest geschlagen sein. Denn nur dann kann der Cowboy am Ende sagen: »Es war 'ne ziemlich gute Geschichte. Findet ihr nicht auch?«

5 cl Wodka und 2,5 cl Kaffeelikör auf Eis schütteln, in einen eiskalten Tumbler mit Eis geben, 2,5 cl Sahne halbfest schlagen und floaten. | Grasshopper: Je 3 cl weißen Kakaolikör (Crème de Cacao), grünen Pfefferminzlikör (Crème de Menthe) und Sahne auf Eis schütteln, in eine gekühlte Coupette abseihen und mit Minze schmücken.

110_Widow’s Kiss

Prachtvoller Kräuterkaramell

Am 5. Dezember 1891 verschlug es den erlesenen Gästen der Eröffnung des Holland House den Atem. Hinter der ebenso dezenten wie eleganten Fassade, die jener des gleichnamigen Hotels im Londoner Stadtteil Kensington nachempfunden worden war, offenbarte sich die ganze Pracht des neuen »ersten Hauses« in Manhattan – innen gestaltet im italienischen Renaissancestil mit geschnitztem Siena-Marmor, Watteau-Wandteppichen, englischem Parkett und Silber und Gold im Überfluss. Das Holland House war sofort »The place to be«, wo sich die Reichen, Schönen und Mächtigen die Klinke in die Hand gaben, doch schon 1893 eröffnete William Waldorf Astor ein paar Blocks weiter das noch prunkvollere Waldorf Hotel, und schon 1920 wurde das Holland House entkernt und in ein schnödes Bürogebäude umgewandelt – nur die Fassade ist bis heute fast unverändert erhalten.

George J. Kappeler, der deutschstämmige Chef-Barkeeper des Holland House, veröffentlichte 1895 seine umfangreiche Cocktail-Sammlung »Modern American Drinks«, in der auch der Widow’s Kiss erstmals beschrieben ist. Der rätselhafte Name könnte eine Anspielung auf die Eigentümerin des Hotels sein, eine wohlhabende Witwe namens J. Van Doren, offenbar von niederländischem Geblüt.

Kappelers Rezept listet zwei Teile Apple Brandy, je einen Teil Bénédictine, der gelegentlich auch »Witwenlikör« genannt wird, und gelben Chartreuse sowie zwei Spritzer Angostura Bitters. Zu größerer Bekanntheit gelangte der Widow’s Kiss erst 1930 durch das »Savoy Cocktail Book«, in dem sich Harry Craddock ans Original hält, die Farbe des Chartreuse allerdings offenlässt. Vert wäre freilich zu viel des Guten, während mit Jaune ein harmonischer Mix resultiert, in dem Apfel die Basis bildet, umtost von der frischen Kräuterwucht der Liköre und befriedet von delikatem Honigkaramell. Maximal aromatisch und so süß wie sonst nur der Kuss der Witwe.

5 cl Calvados, je 2 cl Chartreuse Jaune und Bénédictine, 2–3 Spritzer Angostura Bitters kaltrühren, in ein gekühltes Likörglas abseihen, Maraschinokirschen zur Zierde. | Holland House (George J. Kappeler): 6 cl Rye Whiskey, 2 cl Triple Sec, 3 Spritzer Peychaud's Bitters kaltrühren (Verdünnung ist willkommen) und in eine gekühlte Coupette mit Zitrus-Zucker-Kragen abseihen.

111_Zombie

Tote leben länger

Je nach Rezept zehn bis zwölf Zentiliter Rum plus Likörchen und Anisée – wer sich den Zombie im Plural hinter die Binde kippt, wird ganz schnell selbst zu einem. So soll es jedenfalls jenem bedauernswerten Freund von Donn Beach gegangen sein, dem der Großmeister der Tiki-Drinks 1934 gleich drei der hochprozentigen Mixturen vorgesetzt haben soll – als Corpse Reviver gegen den Kater vom Vortag. Donn zog seine Schlüsse und limitierte den Ausschank für den »Zombie Punch« auf zwei pro durstigem Rachen.

Donn Beach gründete Don the Beachcomber, die erste Tiki-Bar, 1933, unmittelbar nach dem Ende der Prohibition in den Vereinigten Staaten. Schon ein Jahr später gelang ihm mit dem missglückten Kater-Killer einer der ganz großen Tiki-Würfe. Und er machte sich in der Folge nicht nur durch den Gebrauch zahlreicher Rumsorten und extrem lange Zutatenlisten einen Namen, sondern auch durch extreme Geheimniskrämerei. Er achtete nicht nur argwöhnisch darauf, dass die Öffentlichkeit nicht erfuhr, was in seine Mixturen gehörte, sondern ließ selbst seine Angestellten im Dunkeln. Erstens füllte er die Liquide in neutrale Flaschen und versah sie mit Zahlencodes, und zweitens zählten zu den Zutaten diverse Elixiere namens »Donn's Mix« oder »Donn's Spice«, durchnummeriert, aber ohne Inhaltsangabe. Spooky!

Jeff Berry alias Beachbum Berry, Autor des einschlägigen Tiki-Werks »Sippin' Safari«, hat sich auf die Suche gemacht und den Beachcomber-Code möglicherweise entschlüsselt: Der vielseitig einsetzbare Geschmacksverstärker »Donn's Mix« besteht aus zwei Dritteln Grapefruitsaft und einem Drittel »Donn's Spice« Nummer vier alias Zimtsirup. Es gibt unzählige Varianten des Zombies – mit Ananassaft, Passionsfruchtlikör, Maraschino –, allen ist jedoch ein Mix aus mindestens zwei und bis zu sechs Rumsorten gemein. Aber Obacht: nicht vor dem Frühstück und nicht mehr als zwei!

Je 4,5 cl goldenen puerto-ricanischen und dunklen jamaikanischen Rum, 3 cl hochprozentigen Demerara-Rum, je 1,5 cl Falernum und Donn's Mix, 0,5 cl Grenadine, 2,25 cl Limettensaft, 6 Tropfen Anisée (Pastis oder Absinth), 1 Spritzer Angostura Bitters und circa 175 g zerstoßenes Eis im Blender kurz mixen, in ein Collinsglas füllen, Kirsche drauf – Ende gut, alles gut: Die Limette brennt! | Aku Aku (Trader Vic): 3 cl weißen Rum, 1,5 cl Pfirsichlikör, 4 cl Ananassaft, 2,5 cl Limettensaft, 2 cl Zuckersirup, 10 Blätter Minze und circa 60 g zerstoßenes Eis kurz im Blender mixen und in eine gekühlte Coupette abseihen.

Bernd Imgrund
111 Whiskys, die man getrunken haben muss
ISBN 978-3-7408-0242-4

Jens Dreisbach
111 Gins, die man getrunken haben muss
ISBN 978-3-7408-0571-5

Daniela Dejnega, Luzia Schrampf
111 Schaumweine aus aller Welt, die man getrunken haben muss
ISBN 978-3-7408-1222-5

Carsten Sebastian Henn
111 Weine aus aller Welt, die man getrunken haben muss
ISBN 978-3-7408-0859-4

Daniela Dejnega, Luzia Schrampf
111 Weine aus Österreich, die man getrunken haben muss
ISBN 978-3-7408-0618-7

Carsten Henn
111 Deutsche Weine, die man getrunken haben muss
ISBN 978-3-7408-0732-0

Pierre Thomas
111 Schweizer Weine, die man getrunken haben muss
ISBN 978-3-7408-1301-7

Martin Roos,
Jean-Claude Bourgueil
111 Orte in der Champagne, die man gesehen haben muss
ISBN 978-3-7408-1084-9

Martin Droschke
111 Biere aus Altbayern und Bayerisch-Schwaben, die man getrunken haben muss
ISBN 978-3-7408-1069-6

Martin Droschke,
Norbert Krines
111 deutsche Craft Biere, die man getrunken haben muss
ISBN 978-3-7408-0338-4

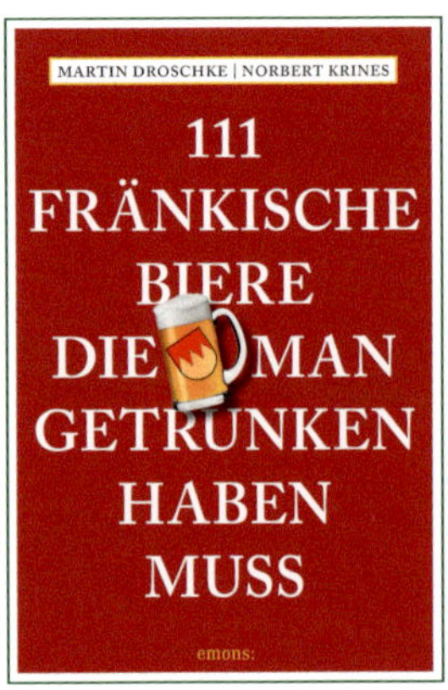

Martin Droschke, Norbert Krines
111 Fränkische Biere, die man getrunken haben muss
ISBN 978-3-95451-922-4

Thomas Fuchs
111 Deutsche Biere, die man getrunken haben muss
ISBN 978-3-95451-414-4

Bernd Imgrund
111 Kölner Kneipen, die man kennen muss
ISBN 978-3-7408-1753-4

Peter Eickhoff
111 Südtiroler Gasthäuser, die man kennen muss
ISBN 978-3-7408-0137-3

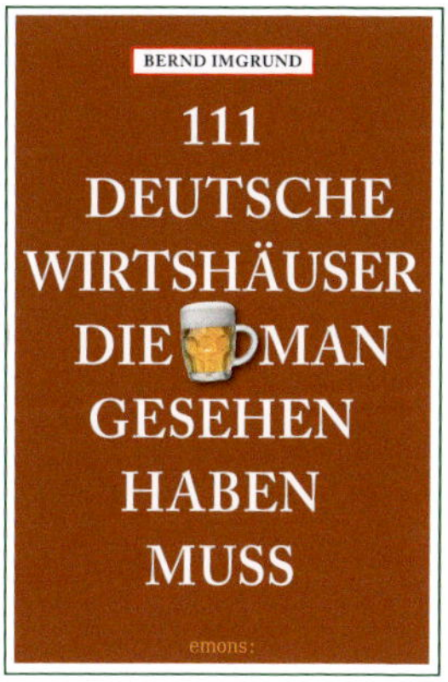

Bernd Imgrund
111 Deutsche Wirtshäuser, die man gesehen haben muss
ISBN 978-3-95451-080-1

Kirstin von Glasow
111 Coffee Shops in London, die man gesehen haben muss
ISBN 978-3-95451-832-6

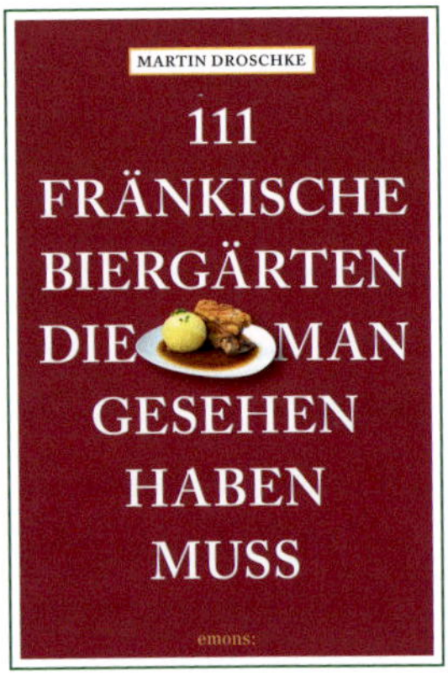

Martin Droschke
111 fränkische Biergärten, die man gesehen haben muss
ISBN 978-3-7408-0851-8

Carsten Sebastian Henn, Torsten Goffin
111 Mal lecker essen in Köln
ISBN 978-3-7408-1181-5

Evelyn Pschak von Rebay
111 Mal sauguad essen in München
ISBN 978-3-7408-1354-3

Marisa Becker, Peter Becker
111 ungenutzte Pflanzen, die man gegessen haben muss
ISBN 978-3-7408-1200-3

Tatiana Morlock
**111 Alltagsabenteuer,
die glücklich machen**
ISBN 978-3-7408-1383-3

Patricia Szilagyi
**111 extreme Orte in Europa,
die man gesehen haben
muss**
ISBN 978-3-7408-0863-1

Klaudia Blasl
**111 tödliche Pflanzen,
die man kennen muss**
ISBN 978-3-7408-1780-0

Gisela Hopfmüller,
Franz Hlavac
**111 Ideen für einen
besonderen Garten**
ISBN 978-3-7408-1382-6

Fotonachweis

Kap. 1: shutterstock.com/Andreas Argirakis; Kap. 2: shutterstock.com/Brent Hofacker; Kap. 3: shutterstock.com/smspsy; Kap. 4: shutterstock.com/Alexander Prokopenko; Kap. 5: shutterstock.com/Brent Hofacker; Kap. 6: shutterstock.com/Oleg Podzorov; Kap. 7: shutterstock.com/etorres; Kap. 8: shutterstock.com/Nicole Kandi; Kap. 9: shutterstock.com/Ekapot Chaiwimol; Kap. 10: shutterstock.com/Brent Hofacker; Kap. 11: shutterstock.com/Kravtzov; Kap. 12: shutterstock.com/Brent Hofacker; Kap. 13: shutterstock.com/Brent Hofacker; Kap. 14: Eva Neisser (Foto)/Jens Dreisbach (Mix); Kap. 15: shutterstock.com/Brent Hofacker; Kap. 16: shutterstock.com/Alexander Prokopenko; Kap. 17: shutterstock.com/artavr; Kap. 18: shutterstock.com/Alp Aksoy; Kap. 19: shutterstock.com/Maria Sonmez Photography; Kap. 20: shutterstock.com/beats1; Kap. 21: shutterstock.com/Maria Bocharova; Kap. 22: shutterstock.com/Brent Hofacker; Kap. 23: shutterstock.com/Brent Hofacker; Kap. 24: shutterstock.com/viennetta; Kap. 25: shutterstock.com/Brent Hofacker; Kap. 26: shutterstock.com/Brent Hofacker; Kap. 27: shutterstock.com/Shyripa Alexandr; Kap. 28: shutterstock.com/Pixel-Shot; Kap. 29: Eva Neisser (Foto)/Jens Dreisbach (Mix); Kap. 30: shutterstock.com/Brent Hofacker; Kap. 31: shutterstock.com/Alexander Prokopenko; Kap. 32: shutterstock.com/Brent Hofacker; Kap. 33: Eva Neisser (Foto)/Jens Dreisbach (Mix); Kap. 34: shutterstock.com/Brent Hofacker; Kap. 35: shutterstock.com/Shyripa Alexandr; Kap. 36: shutterstock.com/Brent Hofacker; Kap. 37: shutterstock.com/Callum Duffy; Kap. 38: shutterstock.com/Goskova Tatiana; Kap. 39: shutterstock.com/Roman Chemeris; Kap. 40: shutterstock.com/Brent Hofacker; Kap. 41: shutterstock.com/Brent Hofacker; Kap. 42: shutterstock.com/Brent Hofacker; Kap. 43: shutterstock.com/Brent Hofacker; Kap. 44: shutterstock.com/Andrew Pustiakin; Kap. 45: shutterstock.com/Ima_ss; Kap. 46: shutterstock.com/3523studio; Kap. 47: shutterstock.com/Maurese; Kap. 48: shutterstock.com/Brent Hofacker; Kap. 49: shutterstock.com/Maxaxaxa; Kap. 50: shutterstock.com/Brent Hofacker; Kap. 51: shutterstock.com/Alexander Prokopenko; Kap. 52: shutterstock.com/Kozak_studio; Kap. 53: Eva Neisser (Foto)/Jens Dreisbach (Mix); Kap. 54: shutterstock.com/Alp Aksoy; Kap. 55: shutterstock.com/MaryLucky; Kap. 56: iStockphoto.com/johntreby; Kap. 57: shutterstock.com/Lazhko Svetlana; Kap. 58: shutterstock.com/Maria Shipakina; Kap. 59: shutterstock.com/Gecko Studio; Kap. 60: shutterstock.com/Brent Hofacker; Kap. 61: shutterstock.com/Marian Weyo; Kap. 62: shutterstock.com/Brent Hofacker; Kap. 63: shutterstock.com/Brent Hofacker; Kap. 64: shutterstock.com/Phakkapol Pasuthip; Kap. 65: shutterstock.com/Brent Hofacker; Kap. 66: shutterstock.com/Andrei Iakhniuk; Kap. 67: shutterstock.com/Brent Hofacker; Kap. 68: shutterstock.com/Hihitetlin; Kap. 69: Eva Neisser (Foto)/Jens Dreisbach (Mix); Kap. 70: shutterstock.com/Brent Hofacker; Kap. 71: shutterstock.com/Alexander Prokopenko; Kap. 72: shutterstock.com/Alexander Prokopenko; Kap. 73: shutterstock.com/Arina P Habich; Kap. 74: shutterstock.com/Ankur maraiya; Kap. 75: shutterstock.com/fromtop; Kap. 76: shutterstock.com/smspsy; Kap. 77: shutterstock.com/Ryzhkov Photograph; Kap. 78: shutterstock.com/Brent Hofacker; Kap. 79: shutterstock.com/Wirestock Creators; Kap. 80: shutterstock.com/Senyuk Mykola; Kap. 81: shutterstock.com/Brent Hofacker; Kap. 82: shutterstock.com/Brent Hofacker; Kap. 83: Eva Neisser (Foto)/Jens Dreisbach (Mix); Kap. 84: shutterstock.com/Brent Hofacker; Kap. 85: iStockphoto.com/ashleyanderson1; Kap. 86: Eva Neisser (Foto)/Jens Dreisbach (Mix); Kap. 87: shutterstock.com/Roman Chemeris; Kap. 88: shutterstock.com/mary.euphoria; Kap. 89: Eva Neisser (Foto)/Jens Dreisbach (Mix); Kap. 90: shutterstock.com/Brent Hofacker; Kap. 91: shutterstock.com/Brent Hofacker; Kap. 92: Eva Neisser (Foto)/Jens Dreisbach (Mix); Kap. 93: Eva Neisser (Foto)/Jens Dreisbach (Mix); Kap. 94: Eva Neisser (Foto)/Jens Dreisbach (Mix); Kap. 95: shutterstock.com/Brent Hofacker; Kap. 96: shutterstock.com/RossHelen; Kap 97: Eva Neisser (Foto)/Jens Dreisbach (Mix); Kap. 98: Eva Neisser (Foto)/Jens Dreisbach (Mix); Kap. 99: shutterstock.com/Alexander Prokopenko; Kap. 100: shutterstock.com/Brent Hofacker; Kap. 101: Eva Neisser (Foto)/Jens Dreisbach (Mix); Kap. 102: shutterstock.com/Coolnina; Kap. 103: shutterstock.com/Brent Hofacker; Kap. 104: Eva Neisser (Foto)/Jens Dreisbach (Mix); Kap. 105: shutterstock.com/Brent Hofacker; Kap. 106: Eva Neisser (Foto)/Jens Dreisbach (Mix); Kap. 107: shutterstock.com/James Yardley; Kap. 108: shutterstock.com/ILya Soldatkin; Kap. 109: shutterstock.com/Brent Hofacker; Kap. 110: shutterstock.com/Brent Hofacker; Kap. 111: shutterstock.com/Dorota Saran

Jens Dreisbach wurde 1970 geboren und lebt seit 1989 in Köln. Nach seiner Dissertation schrieb er als freier Autor Sport- und Fußballbücher. Dass man davon mächtig Durst bekommt, hätte er ahnen können. Und so machte er sich auf die Suche nach dem Bindeglied zwischen erfrischenden Cocktails und lebendiger Literatur.